프러포즈

프러포즈

김양재 목사의 신(新) 결혼 매뉴얼

김양재 지음

QTM

목차

Part II 결혼은 디자인, 가꿀수록 달라진다

하나님께서 준비하신
당신을 위한 놀라운 프러포즈

"목사님, 오랫동안 교회를 다녔지만 제가 결혼을 할 수 있을지 자신이 없어요."

"지금 사귀는 사람이 저렇게까지 문제가 있는데 이 결혼을 해야 할지 고민이 돼요."

"나를 사랑한다고 쫓아다녀서 결혼을 했는데 어떻게 인간이 저렇게 변할 수 있는지 너무 속상해요."

제가 청년들에게 받는 메일에 자주 등장하는 고민들입니다. 이성 교제나 결혼에 대해 가장 관심이 많은 시기인 만큼 청년들은 상처도, 아픔도, 실망도 큽니다. 이러한 이들에게 어떤 이야기를 전해 줄 수 있을까 싶어 이 책을 쓰게 되었습니다.

　　2013년 통계청 자료를 보면, 그해 32만 쌍이 결혼했는데 무려 11만 5천 쌍이 이혼했다고 합니다. 단순 비율로 보긴 어렵지만 결혼하는 부부 대비 36%가 이혼한다고 할 수 있을 정도로 한국의 이혼율은 굉장히 높습니다. 이는 OECD(경제협력개발기구) 34개 회원국 중 9위를 차지하는 수준입니다. 하지만 2천 명이 넘는 우리들교회 청년부 출신 지체들 중에는 아직까지 이혼한 커플이 하나도 없습니다.

　　저는 10년 넘게 거의 매 주일 주례를 해 왔습니다. 결혼한 커플이 꽤 많지만 그럼에도 우리들교회 청년들 중에 이혼한 커플이 없는 이유가 무엇일까요?

　　이들이 믿음이 좋아서 이혼을 안 했다기보다는 '인생의 목적은 행복이 아닌 거룩'이라는 가치관이 마음에 심겨 있기 때문입니다.

　　이성 교제의 목적도, 결혼의 목적도 행복이 아닌 거룩에 있으니 문제가 생길 때마다 말씀을 통해 자기 죄를 보게 됩니다. 그리고 목장 공동체에서 자신의 이야기를 거짓 없이 치열하게 나누고 회개하다 보니 두 사람의 관계를 지킬 수 있었던 것입니다. 매 순간 무엇을 어떻게 해야 할지 예배와 큐티를 통해서 인도함을 받으니 이혼할 수가 없는 것입니다.

제가 결혼식 주례를 할 때마다 늘 강조하는 것이 '결혼은 나의 생살의 반을 잘라 내고 반을 채워 넣어야 한다는 것'입니다. 그만큼 힘들고 어려운 과정을 거치는 것이 결혼입니다. 그런데도 많은 이들은 여전히 결혼에 대한 환상을 갖고 자신만을 일평생 바라봐 줄 배우자를 찾기에 매진합니다. 그러다 보니 인생이 고달픕니다. 이성 교제가 힘들고 결혼이 어려운 이유는 여전히 내가 이런저런 조건에 매여 있기 때문입니다.

결혼은 상대방의 잘못을 고치려고 하기 보다 그 사람의 사연을 껴안고 그의 짐을 내가 지고자 할 때 이루어지는 연합입니다. 그래서 거룩과 구원을 목적으로 한 결혼이야말로 가장 복되고 위대한 것입니다.

이 책에는 하나님이 짝지어 주신 배필을 어떻게 찾아야 할지, 내게 허락하신 만남 속에서 배우자를 어떻게 분별할지, 결혼 후 찾아오는 여러 문제와 갈등을 어떻게 받아들이고 극복해 나갈지를 성경적으로 알려 줍니다. 우리들교회에서 결혼한 커플들의 사례를 담아 더욱 실제적이고 실용적인 결혼 지침서가 될 것입니다.

이들 한 사람 한 사람이 갈등과 아픔의 시간을 통과하면서 공통된 고백을 합니다.

"상대방을 통해 나의 죄인 된 모습과 부족함을 보았습니다. 그리고 그 시간을 통해 말씀을 깨달을 수 있었습니다. 배우자와 함께한 모든 시간은 그 자체가 축복이었습니다."

결혼은 가장 어려우면서도 가장 복된 프로젝트입니다.

자, 이제 이 책의 첫 장을 열면서 당신의 결혼을 위해 하나님께서 준비하신 프러포즈가 시작되기를 기도합니다.

2015년 10월
우리들교회 담임목사 김양재

Part I

만남은 선물,
결혼하고 싶은 그대에게

Chapter 1

하나님이 주신 내 짝,
어떻게 알 수 있을까?

"지금 만나는 사람이 하나님이 허락하신 배우자라는 걸 어떻게 알 수 있을까요? 기도 중에 하나님의 음성이 들릴까요? 뭔가 '짠' 하고 보여 주실까요? 다들 어떻게 확신하고 결혼을 하는 건지 궁금해요."

결혼을 고민하는 청년들에게 많이 듣게 되는 질문입니다.

어떻게 이 사람이 하나님이 보내신 배우자임을 알 수 있을까요? 무엇을 근거로 결혼에 대한 하나님의 뜻을 확신할 수 있을까요? 아마도 백 명이면 백 가지 사연과 인도함으로 하나님께서 보여 주시는 방식이 다를 것입니다.

내 배우자를 어떻게 찾을 수 있을까?

이 세상 모든 사람이 구원을 얻는 것이 하나님의 뜻이지만 모든 사람이 구원을 얻는 것은 아닙니다. 마찬가지로 하나님께서 정해 놓으신 배필이 있지만 모든 사람이 그 배필을 만나는 것은 아닙니다. 하나님의 눈으로 보지 않고 육신의 정욕과 안목의 정욕과 이생의 자랑으로 보려고 하면 하나님께서 정해 주신 배필이 바로 내 눈앞에 있어도 알아보지 못합니다. 생면부지의 사람이라도 하나님의 기대와 목적으로 바라보면 하나님께서 정하신 배필인지 아닌지를 알아볼 수 있습니다.

우리들교회 민호 형제는 결혼 전 여자 친구를 만나면서 내 배우자감이라는 확신이 든 날이 있었다고 합니다. 12월 19일 수요일이라고, 날짜까지 정확하게 기억하고 있었습니다.

그날을 잊을 수가 없습니다. 여자 친구인 세화가 수술 후 퇴원하는 날이었고, 대선일이자 수요예배가 있는 날이었습니다. 그날 저는 가족에게 거짓말을 하면서까지 수요예배에 가는 것이 내키지 않아 예배에 가지 않고 집에서 대선 개표방송을 보려고 했습니다. 그런데 그것을 안 세화가 예배에 같이 가자고 연락을 했습니다. 막 퇴원하여 한눈에 봐도 몸이 안 좋았던 세화가 저의 수요예배 사수를 위해 혼신의 힘을 다해 나온 것입니다. 미안함에 세화를 겨우 돌려보내고 혼자 예배를 드렸는데 그날 목사님이 설교 말씀을 통해 "세상에서 이기려 하지 말고 완전하신 하나님을 보라"고 하셨습니다. 당시 저는 수요예배와 금요 목자모임에 가는 것을 부모님이 싫어하실까 봐 거짓말을 하고 나가고 있었습니다. 안 믿는 집에서 유일하게 교회를 나가며 늦은 나이까지 제대로 앞가림을 못하는 제가 주일에 소년부 봉사를 하며 아침부터 저녁까지 교회에 있는 것을 부모님이 못마땅해하셨기 때문입니다. 경제적·정서적으로 전혀 독립하지 못했던 저는 일시적인 거짓 화평이 깨질까 봐 평일에 교회를 갈 때마다 솔직히 말씀드리지 못하고 회사 일이나 약속이 있다고 핑계를 댔습니다. 그런데 그날을 계기로 평일에 교회 가는 것을 부모님께 솔직하게 말씀드렸습니다. 그리고 명절과 날짜가 겹친 주일에 처음으로 친척 집에 가지 않고 본 교회에서 주일예배를 드릴 수 있었습니다. 이런 적용과 결심을 하기까지 세화의 노력이 절대적이었고, 세화야말로 저의 돕는 배필이라는 확신이 들었습니다.

민호 형제는 자신을 예배의 자리로 이끌고 자신의 문제를 직면하도록 도운 세화 자매의 모습을 통해 자매가 자신의 돕는 배필임을 알아차렸다고 합니다. 그야말로 말씀으로 인도함을 받은 것입니다. 처음에는 이 자매가 형제의 이상형은 아니었다고 합니다. 형제는 생활력이 있고 건강하며 여성적인 자매를 좋아했지만 자매는 믿음이 좋은 반면 자기주장이 강하고 몸도 많이 아팠기 때문입니다. 그러나 형제는 세화 자매가 자신의 이상형이 아닌 '하나님이 마음에 들어하시는 배우자감'임을 여러 경로를 통해 확인하고 교제를 시작했습니다.

> 여호와 하나님이 이르시되 사람이 혼자 사는 것이 좋지 아니하니 내가 그를 위하여 돕는 배필을 지으리라 하시니라_창 2:18

'돕는 배필'은 히브리어로 '에제르'인데 구약성경에만 36번 나옵니다. 그중 35번은 하나님께서 우리를 도우실 때 쓰였고, 단 한 번 인간에게 쓰인 것이 창세기 2장입니다. 내가 누군가의 구원을 도와주는 일은 그리스도의 심장을 갖지 않고는 불가능합니다. 하나님이 아니면 우리는 배우자의 돕는 배필이 될 수 없습니다. 혼자 구속사를 이루기가 어렵기에 하나님은 우리에게 돕는 배필을 주십니다. 그러나 우리 각자가 먼저 돕는 배필이 되어야 합니다.

이 시대의 청년들은 내가 바라는 배필, 내 만족을 채워 줄 대상에 목이 말라서 견딜 수 없어 합니다. 세상에서 아름다운 사람, 하나님의 생기가 없는 배필을 구하느라고 감정과 시간을 낭비하고 있습니다. 그렇다면 나의 돕는 배필은 어떻게 찾을 수 있을까요?

바로 하나님께서 내게 주신 사명을 감당할 때 돕는 배필을 허락하십니다. 하나님이 흙으로 각종 들짐승과 새들을 지으시고 아담에게 이름 짓는 사명을 위임하셨습니다. 히브리어로는 "그가 그것들을 무엇이라 부르는지 보기 위하여" 이 일을 맡기십니다.

아담이 이름을 지으면서, 짐승도 나도 똑같이 흙으로 지음을 받았는데 내 짝이 있겠지 했을 것입니다. 그러나 짐승은 똑같은 재료로 만들어졌어도 그 속에 하나님의 생기가 없기에 관리의 대상이지 동반자가 아닙니다. 그가 동물의 이름을 지은 것은 짝이 아니라 '주인'이기 때문입니다. 짝은 하나님이 이끌어 오시기 전에는 만날 수도 찾을 수도 없습니다. 그래서 사명을 감당하는 중에 하나님의 생령을 가진 사람, 돕는 배필의 필요를 알게 되는 것입니다.

사소한 만남을 귀히 여기라

3 룻이 가서 베는 자를 따라 밭에서 이삭을 줍는데 우연히 엘리멜렉의 친족 보아스에게 속한 밭에 이르렀더라 4 마침 보아스가 베들레헴에서부터 와서 베는 자들에게 이르되 여호와께서 너희와 함께하시기를 원하노라 하니 그들이 대답하되 여호와께서 당신에게 복 주시기를 원하나이다 하니라_룻 2:3~4

교회 안의 많은 청년들이 룻과 보아스 같은 만남을 기

대합니다. 현숙한 여인인 룻과 유력한 보아스의 만남이 꽤나 매력적으로 보일 것입니다. 그렇다면 룻과 보아스는 어떻게 만나서 결혼까지 이르렀을까요?

믿음으로 충성하며 약속의 땅에 들어온 룻을 위해 하나님은 흉년 든 땅에 머물고 있는 보아스와의 만남을 준비해 두셨습니다. 인생에서 만남은 참 중요합니다. 하나님과의 만남, 부모님과의 만남, 배우자와의 만남 모두 중요합니다. 그 모든 만남에서 하나님과의 만남이 가장 우선이됩니다. 하나님과의 만남이 확실하면 배우자와의 만남도 최고의 만남으로 바뀔 수 있습니다.

민호 형제와 세화 자매는 함께 소년부 교사로 섬기며 알고 지내던 사이였습니다. 자매가 맡았던 반을 형제가 맡으면서 자연스럽게 자주 연락을 하게 되었다고 합니다. 불신 가정에서 홀로 외롭게 신앙생활을 하며, 십일조 문제로 부모님께 한 소리 들었다고 풀이 죽어 나눔을 하던 형제에게 자매는 "오빠를 있는 모습 그대로 사랑해 주고 인정해 줄 자매를 만나서 믿음의 가정을 잘 꾸릴 수 있을 것"이라고 축복해 주었습니다. 그 당시에는 몰랐지만 자매는 점점 민호 형제의 있는 모습 그대로를 받아들이게 되었습니다.

하지만 민호 형제는 월급도 적고 직장도 불안정했기에 자매는 교회 내에 외모로 사람을 보지 않는 돕는 배필이 있을 거라고 형제를 위로해 주었습니다. 그러면서 자신은 민호 형제가 늘 기도하던 배우자상도 아니고 월급도 적어 이 형제를 만날 수 없을 거라고 생각했습니다.

그런데 자매가 3차 암 조직검사를 앞두고 있을 때 형제가 연락을 해서 교제를 하고 싶다는 뜻을 전했습니다. 자매는 자신의 배우자상은 믿음의 집안에서 자라고 경제적으로 안정된 형제라고 하며 하나님께 묻지도 않고 거절했습니다. 그러나 큐티를 하면서 자신이 믿음으로 배우자를 보지 않고 외모로 사람을 보고 있다는 것이 깨달아져 회개하게 되었고, 불신 가정에서 홀로 외롭게 신앙생활을 하는 형제에게 애통한 마음이 들어 눈물로 기도했습니다.

이후 자매가 큐티를 하며 이 형제와의 만남을 하나님께 묻자, 하나님께서 자매를 인도하셨습니다. 자매가 수술을 받고 회복 중에 있을 때 손발이 마비되고 호흡곤란

이 왔는데, 그때 가족보다 민호 형제가 먼저 생각이 났답니다. 자신을 귀히 여기고 편안하게 해 주었던 형제가 생각나며 비로소 자신의 속마음을 확인한 것입니다. 하나님은 세상적 스펙은 부족하지만 평생 언제 아플지 모르는 육체의 가시를 가진 자매를 있는 모습 그대로 받아들여 주는 형제를 만나게 해 주셨습니다. 자매는 먼저 손 내밀어 주고, 연약하고 아플수록 더 귀하게 여겨 주고, 기도로 끊임없이 섬겨 주는 형제를 보내 주신 하나님께 깊이 감사드린다고 했습니다.

우리의 결혼에는 반드시 하나님의 뜻이 있습니다. 그러나 하나님은 그 뜻을 강제로 이루시는 것이 아니라 우리가 자유의지를 가지고 판단하고 따를 수 있게 하셨습니다. 배필을 정해 두기는 하셨지만 배필을 선택하는 일은 인간의 책임에 속하는 일로 남겨 두셨습니다. 하나님께서 일일이 지목해 주지 않으십니다. 그러므로 내 기대와 욕심은 내려놓고 '하나님의 영광을 위해서'라는 분명한 결혼관을 가지고 정해 주신 배필을 찾아야 합니다. 마음대로 내 정욕과 욕심에 따라 결정하고는 '내가 왜 이런 남편과 사는가?', '내가 왜 이런 아내와 사는가?' 하면서 불행의 책임을 하나님께 돌려서는 안 됩니다.

오늘 내게 허락하신 모든 만남은 우연이 아닙니다. 룻이 보아스의 밭에 들어가 이삭을 주웠는데, 이것이 우연처럼 보입니까? 하나님의 예정입니다. 메시아 탄생이 우연히 일어났을까요? 우연 속에 하나님의 심판, 섭리가 숨어 있습니다. 내가 지금 만나는 사람이 어쩌다 만난 우연한 관계입니까? 절대 아닙니다. 하나님이 뜻이 있어 그 사람을 보내 주셨다는 것을 믿음의 눈으로 볼 수 있어야 합니다. 모든 만남을 소중히 여겨야 합니다. 공동체 안에서도 사소한 만남을 소중히 여겨야 합니다. 어떤 사람, 어떤 일도 하찮게 여기지 않고 소중하게 여길 때 우리의 모든 만남이 최고의 만남이 될 것입니다.

하나님이 붙여 주신 사람인가를 살펴보라

20 아담이 모든 가축과 공중의 새와 들의 모든 짐승에게 이름을 주니라 아담이 돕는 배필이 없으므로 21 여호와 하나님이 아담을 깊이 잠들게 하시니 잠들매 그가 그 갈빗대 하나를 취하고 살로 대신 채우시고 22 여호와 하나님이 아담에게서 취하신 그 갈빗대로 여자를 만드시고 그를 아담에게로 이끌어 오시니 23 아담이 이르되 이는 내 뼈 중의 뼈요 살 중의 살이라 이것을 남자에게서 취하였은즉 여자라 부르리라 하니라

_창 2:20~23

이 세상은 보기에 화려하고 아름다운 것들로 가득합니다. 외모, 학벌, 돈 등 유혹하는 것들과 취하고 싶은 것들이 많습니다. 경제적으로 상위 1퍼센트 계층들이 갖는 최고의 희망 사항은 같은 상위 계층과 혼사를 맺는 것이라고 합니다. 최고의 예단에 결혼 비용만 수십 억이고 예식 밥값도 수억대라고 합니다. 눈만 뜨면, 인터넷만 열면 이

런 정보들이 쏟아집니다. 이런 결혼을 하면 행복할 깃 같은 유혹도 받습니다. 그러니 세상 것들에 대해서 눈 감고 잠들기가 쉽겠습니까? 그러나 아름답고 보기 좋은 것에 혹해서 세상을 향해 눈을 크게 뜨고 있으면 돕는 배필을 찾을 수가 없습니다. 돕는 배필을 만나기 위해서는 세상에 대해 잠들어 있어야 합니다. 육신의 정욕과 안목의 정욕, 이생의 자랑에 다 깊이 잠들어야 합니다.

하나님께서 아담에게로 여자를 이끌어 오십니다. 그러기 위해 먼저 아담을 잠들게 하시고 갈빗대를 취하는 아픔도 겪게 하십니다. 하나님이 나를 흙으로 만드셨지만 내 배필은 뼈로 만드십니다. 머리나 발을 재료로 취하지 않고 갈빗대로 만드신 이유가 무엇입니까? 머리가 두 개인 뱀, 쌍두사는 머리 하나를 죽이지 않고는 생존이 불가능합니다. 발로 만들면 다 밟고 다녀서 안 됩니다. 그래서 가슴으로 아파하는 사랑을 하라고, 하나님은 '옆구리'라는 뜻의 갈비뼈를 뽑아 나의 돕는 배필을 만드셨습니다.

아담이 돕는 배필을 얻기 위해 한 일이 무엇입니까? 아무것도 없습니다. 우리는 그저 하나님 앞에서 기도하고 경배하고 찬양하고 있으면 됩니다. 그러면 하나님이 한 남자와 한 여자의 결합에 지대하고 세심한 관심을 가지고 만남을 준비하십니다.

배우자에 대해 구체적으로 기도하라고 하면 '키는 어떻고 용모는 어떻고 학벌은 어쩌고' 하며 자기의 욕망을 채우는 기도를 하는 사람이 있는데 그래서는 결혼하기 어렵습니다. 설령 결혼에 성공하더라도 그것이 올무가 되는 경우가 많습니다.

12 그가 이르되 우리 주인 아브라함의 하나님 여호와여 원하건대 오늘 나에게 순조롭게 만나게 하사 내 주인 아브라함에게 은혜를 베푸시옵소서 13 성 중 사람의 딸들이 물 길으러 나오겠사오니 내가 우물 곁에 서 있다가 14 한 소녀에게 이르기를 청하건대 너는 물동이를 기울여 나로 마시게 하라 하리니 그의 대답이 마시라 내가 당신의 낙타에게도 마시게 하리라 하면 그는 주께서 주의 종 이삭을 위하여 정하신 자라 이로 말미암아 주께서 내 주인에게 은혜 베푸심을 내가 알

겠나이다 15 말을 마치기도 전에 리브가가 물동이를 어깨에 메고 나오니 그는 아브라함의 동생 나홀의 아내 밀가의 아들 브두엘의 소생이라 16 그 소녀는 보기에 심히 아리땁고 지금까지 남자가 가까이 하지 아니한 처녀더라 그가 우물로 내려가서 물을 그 물동이에 채워가지고 올라오는지라_창 24:12~16

아브라함은 종 엘리에셀에게 이삭의 신붓감을 구해 오라는 미션을 줍니다. 결혼의 사명을 맡은 엘리에셀은 자기뿐만 아니라 낙타에게도 물을 마시게 하는 소녀가 이삭의 배필임을 알게 해 달라고 구체적으로 기도했습니다. 그 이유는 그 한 가지 행동이 소녀의 성품과 가정교육, 신앙적 배경까지 모두 보여 준다는 것을 오랜 삶의 경험으로 알았기 때문입니다. 하나님을 섬기는 마음이 사람을 섬기는 태도로 나타나기 때문에 영적인 것을 구하기 위해서 가시적인 것을 보여 달라고 하는 것입니다.

리브가와의 만남이 하나님이 예정하신 것이라고 해도 아브라함의 종이 구체적인 기도를 한 것처럼 나의 기도로 배우자를 찾아 가야 합니다. 결혼이든 진로든 그 무엇이든 나의 구체적인 기도로 구하고 찾아야 합니다.

리브가의 이름에는 '신속히 매다', '올가미', '고리'라는 뜻이 있습니다. 언약의 혈통을 잇는 고리 역할을 리브가가 한 것인데, 종 엘리에셀은 아직 모르지만 리브가는 아브라함의 동생 나홀과 그 아내 밀가가 낳은 아들 브두엘의 소생입니다. 아브라함이 그렇게도 원했던 동족인 것입니다(창 24:4). 그리고 엘리에셀은 리브가가 자신에게 맡겨진 일을 성실히 수행하는 처자임을 보았습니다. 거기에 구하지 아니한 미모까지 갖춘, 보기에 심히 아리따운 영육 간의 일류 신붓감이었습니다. 남자가 가까이하지 않은 성결한 처녀로 행실과 정절과 신앙이 고루 갖추어진 신부였습니다.

리브가와의 만남을 통해 우리가 얻을 교훈은 신(信) 결혼의 인도를 구체적으로, 영적으로 구하라는 것입니다. 그런데 주님의 인도에는 관심이 없고 끊임없이 내가 정한 만남에만 관심이 있는 경우가 많습니다. 내가 만나서 내가 같이 살 사람이라고 생각하기 때문에 내 기준으로 정하려고 합니다.

"어차피 잘못될 결혼을 뭐 하려고 하겠어?"

"진짜 하나님이 내 짝을 정해 주시겠어?"

"왜 나는 사람을 만나면 이상하게 꼬이기만 하지?"

"결혼은 나를 구속할 뿐이야."

"더는 상처 받기 싫어. 차라리 화려한 싱글이 되겠어."

"결혼했다가 이혼하게 되면 어쩌지?"

내가 하려고 하니 이렇게 부정적인 생각과 걱정 근심이 많습니다. 사랑해도 결혼을 못 하는 이유가 이런 것들 때문입니다. 그러니까 애초에 '하나님이 나에게 붙여 주신 사람인가?'를 생각해야 합니다. 내가 유익하기 위해서 하는 것이 아니라 하나님이 나에게 붙여 주신 사람인가를 찾아야 합니다. 마음을 열고, 만나고, 관찰해야 합니다. 그런데 항상 "내 타입이 아니야" 하면서 거절하는 경우가 얼마나 많습니까. 오랜 시간 만나 보지 않으면 알 수 없는데 이런 노력조차 하지 않는 것은 사람을 외모로 보기 때문입니다.

육신의 정욕, 안목의 정욕으로 외모를 취하는 우리의

죄성 때문에 하나님께 구하지를 못합니다. 죄는 행위뿐만 아니라 내 생각과 사고와 목표와 감정까지 다 오염시킵니다. 결국 하나님이 없는 사람은 생각과 비전과 목표를 세우는 것까지 다 죄로 오염되어 있는 것입니다.

묻고 또 물어야 한다

17 종이 마주 달려가서 이르되 청하건대 네 물동이의 물을 내게 조금 마시게 하라 18 그가 이르되 내 주여 마시소서 하며 급히 그 물동이를 손에 내려 마시게 하고 19 마시게 하기를 다하고 이르되 당신의 낙타를 위하여서도 물을 길어 그것들도 배불리 마시게 하리이다 하고 20 급히 물동이의 물을 구유에 붓고 다시 길으려고 우물로 달려가서 모든 낙타를 위하여 긷는지라
_창 24:17~20

고대 근동 시대에 우물에서 물을 긷는 것은 쉬운 일이

아니었습니다. 야곱의 우물과 같은 경우에는 나선형의 계단을 내려가서 물을 긷고, 물동이를 메고 다시 계단을 걸어 올라와야 했습니다. 육체적으로 매우 힘든 작업이었을 것입니다. 그런데 리브가는 종이 물을 마시도록 하더니, 종이 부탁한 것도 아닌데 낙타까지 마실 수 있게 하겠다고 또 물을 길어다가 열 마리의 낙타에게 마시게 합니다.

물 없이 여러 날을 지낼 수 있는 낙타는 한 마리가 한 번에 95리터 정도의 물을 마신다고 합니다. 그런데 고대의 항아리는 11리터 정도의 용량입니다. 한 낙타를 먹이려면 여덟 번에서 열 번쯤 왔다 갔다 해야 합니다. 결국 열 마리에게 물을 충분히 먹이려면 한 백 번은 왔다 갔다 해야 하지 않겠습니까? 참으로 리브가는 일상생활을 잘 사는 훌륭한 처녀였습니다. 대충 한 것도 아니고 급히 붓고, 달려가서 길었다고 합니다. 섬기는 데 있어서 말할 수 없이 부지런합니다. 그녀가 바로 이삭의 아내감이고 아브라함의 며느릿감이었습니다.

그 사람이 그를 묵묵히 주목하며 여호와께서 과연 평

종이 리브가를 묵묵히 주목합니다. 자신이 기도한 대로 리브가가 나타나서 물을 마시게 하니 응답을 확신했겠지만 그래도 끝까지 지켜보며 여호와께서 주신 길인지 여부를 알고자 합니다. 그 과정을 거치고 나서 예비 약혼 선물, 언약의 선물을 리브가에게 주었습니다.

어떤 사람은 "응답이 너무 빨리 온 것 아니야? 어떻게 가자마자 응답 받을 수 있어?"라고 하지만 하나님이 쓸데없이 시간을 낭비하지 않게 하신 것입니다. 그렇다고 "저렇게 기도하더니 좋은 배필이 빨리 왔구나" 하면서 빨리 만나기만 바라며 문자적으로만 성경을 읽으면 안 됩니다.

또 다른 믿음의 조상인 야곱은 험악한 인생을 살았는데, 그의 유명하고 자랑하고 싶은 아들 요셉은 애굽 여인과 결혼했습니다. 또 맏아들 르우벤은 야곱의 부인이자 자신의 서모인 빌하와 동침을 했습니다. 넷째 아들 유다는 하지 말라는 가나안 여인과 결혼을 했는데 첫째 아들, 둘째 아들이 다 죽고 첫째 아들의 부인인 며느리 다말과 동침을 해서 아들까지 낳았습니다. 그런데 이 아들 베레스가 예수님의 조상이 되었습니다.

믿음의 조상 중에는 리브가처럼 갖추어진 사람도 있지만 시아버지와 동침한 다말 같은 사람도 있습니다. 주께서 정하신 만남에 대해 윤리적 잣대로 옳고 그름을 평가해서는 안 됩니다. 그 이야기를 증명이라도 하듯이 마태복음 1장을 보면 예수님의 족보에 리브가는 못 올라도, 다말은 올라 있습니다.

은혜 자매는 어린 나이에 험악한 사건을 겪었습니다. 모태신앙인이었지만 부모님의 불화로 힘든 시간을 보내고, 부모님과 스킨십 없이 자랐기에 약간의 스킨십에도 상대에게 호감을 느끼며 쉽게 빠져들었습니다. 그러다 대학생 때 사귀던 남자 친구에게 성폭행을 당하고 말았습니다. 하나님께서 말씀을 통해 음란을 끊고 믿지 않는 남자 친구를 떠나라고 하셨지만 자매는 '이미 버려진 인생'이라고 자포자기하며 말씀을 거역했습니다. 남자 친구의 요구에

응하지 않으면 소문이 날까 두려워 성관계를 끊지 못했고, 결국 임신을 했습니다. 남자 친구는 낙태를 요구했지만 은혜 자매는 들은 말씀이 있어서 아기를 낳아 결국 입양을 보냈습니다. 그러다 언니의 소개로 우리들교회에 나왔고, 고난을 약재료로 이야기하는 지체들을 보면서 마음 문을 열게 되었습니다.

저는 성에 일찍 눈을 뜨고 음란했던 결론으로, 20대에 아이를 낳아 입양을 보냈습니다. 룻기를 통해 이방인이요, 과부였던 룻이 보아스를 만나 예수님의 조상이 된 것을 보면서 저에게도 그런 만남이 있기를 바랐습니다. 하나님께서 제게 배우자를 허락하신다면 보아스가 발치 이불로 룻을 덮어 준 것처럼 제 고난과 죄패를 말씀으로 감싸 주고 덮어 줄 형제를 만나게 해 달라고 기도했습니다. 그렇게 담임 목사님의 룻기 설교를 들으며 구체적으로 배우자 기도를 하게 되었고, 그런 형제를 만나게 되었습니다.

청년부 수련회에 가기 전에 한 형제를 소개로 만났는데, 제가 수련회 첫날 저녁 간증을 할 때 그 형제가 수련회 장소에

도착했다고 합니다. 형제는 저의 과거와 아이를 입양 보낸 간증을 다 들은 후에 저에게 교제 신청을 했습니다.

저는 사실 '이 형제가 나를 별로 좋아하는 것 같지 않은데 왜 만나자고 하지?' 하고 의아했습니다. 나중에 물으니 형제가 저를 만나자고 한 이유는 믿음이 진실하고 귀한 간증으로 공동체를 섬기는 모습이 아름다워서였다고 합니다. 그 말을 들으니 저의 겉모습보다 믿음과 간증을 보았다는 형제의 기준이 참 귀하게 느껴졌습니다. 형제와 큐티 말씀을 나누며 서로의 연약함을 체휼하게 되었고, 반을 비우고 반을 채우는 과정을 경험했습니다. 날마다 기도와 말씀으로 하나님께 묻고 공동체에 물으며 교제를 이어 간 끝에 결혼까지 하게 되었습니다.

이 자매는 결혼 전에 이미 아이를 낳아 입양 보낸 사실을 공동체에 오픈하여 귀하게 쓰임을 받았고, 마침내 그런 자매를 알아봐 주는 형제를 만났습니다. 오늘 내게 허락하신 모든 만남은 우연이 아닙니다. 결혼에서 중요한 것은 조건도, 용모도, 습관도 아닙니다. 오직 하나님의 뜻이 어디 있는가가 가장 중요하고, 이것을 하나님께 물어야 합니다. 이 사람 저 사람을 물건 고르듯 계속 저울질하면서 비교하는 것은 하나님의 뜻이 아니기에 불행의 출발일 수밖에 없습니다.

구원의 계보를 잇는 결혼

3 보아스가 그 기업 무를 자에게 이르되 모압 지방에서 돌아온 나오미가 우리 형제 엘리멜렉의 소유지를 팔려 하므로 4 내가 여기 앉은 이들과 내 백성의 장로들 앞에서 그것을 사라고 네게 말하여 알게 하려 하였노라 만일 네가 무르려면 무르려니와 만일 네가 무르지 아니하려거든 내게 고하여 알게 하라 네 다음은 나요 그 외에는 무를 자가 없느니라 하니 그가 이르되 내가 무르리라 하는지라 5 보아스가 이르되 네가 나오미의 손에서 그 밭을 사는 날에 곧 죽은 자의 아내 모압 여인 룻에게서 사서 그 죽은 자의 기업을 그의 이

름으로 세워야 할지니라 하니_룻 4:3~5

룻기를 보면 주 안에서 믿음으로 만난 룻과 보아스는 기업을 무르기 위해서 결혼을 합니다. 무엇보다 결혼의 목적이 확실했습니다. '기업 무르다'의 원어인 '고엘'은 '구속하다, 되찾다, 회복하다'라는 뜻을 가지고 있습니다. 기업 무를 자는 '구속하는 자, 회복하는 자'라는 뜻입니다. 나이든 보아스는 룻과 결혼 약속을 하고 바로 결혼을 하고 싶었겠지만, 그 과정에서 하나님의 법을 어기면서 무리하게 진행하지 않았습니다.

우리들교회에도 보아스처럼 기도하며 무리하지 않고 차근히 결혼 준비를 한 커플이 있습니다.

'하나님 나라의 동역자들'은 3월 9일 큐티 본문 제목입니다. 제가 이 말씀을 기억하는 이유는 3월 9일이 우리 부부가 동역(결혼)하게 된 날이기 때문입니다. 저는 어려서부터 교회를 놀이터 삼아, 동아리 삼아 다녔고, 교회가 직장이 될 정도로 교회 일에 열심인 청년이었습니다. 제 아내도 그와 비슷하게 열심히 교회를 섬겼다고 합니다. 그러나 외모, 성격, 자라 온 환경, 고난의 종류 등 알고 보면 닮은 점이 참 많은 우리 부부는 정작 서로가 이상형이 아니었다고 힘주어 말합니다. 왜냐하면 사람들은 각자에게 없는 부분들을 가진 이성에게 호감을 느낀다고 하는데 저희 또한 그런 사람들이었기 때문입니다.

형제 대부분이 그렇듯 저는 예쁘고 착하고 날씬한 S라인의 자매를 원했고, 한 가지 소박한(?) 바람을 추가한다면 경제적인 능력까지 바랐습니다. 제 아내는 차가워 보이지만 웃을 때 한없이 순수해 보이는 외모에, 매너 있고 예수님을 잘 믿는 형제가 이상형이었다고 합니다. 이런 두 사람이 만나서 가정을 이루게 된 것은 정말 하나님의 은혜와 섭리라고밖에 말할 수 없을 것 같습니다.

아내는 오랜 믿음의 방황 끝에 우리들교회에 오게 되었고, 장모님께서는 우리들교회에서 믿음으로 잘 양육된 사위를 보셨으면 하고 오래전부터 기도하셨다고 합니다. 장모님의 기도의 힘일까요? 결국 우리들교회에서 사위를 보셨으니 말입니다.

저희가 서로를 구체적으로 알게 된 것은 같은 목장이 되고 나서이지만, 서로에 관해 더 많이 알게 된 것은 그 이후 찬양 사역자와 찬양팀원으로 만난 뒤부터입니다.

먼저 관심을 보인 쪽은 제 아내였습니다. 그러나 그것을 알았을 때 저는 용감하게도 아내를 홀대하기 시작했습니다. 제 이상형과는 거리가 멀다고 느꼈고, 나름 여자들한테 인기 있다고 자신했기에 "너를 여자로 본 적이 한 번도 없어" 하며 아내의 마음을 상하게 하기 일쑤였습니다.

그러나 아내는 한결같은 모습으로 제 옆에 있어 주었습니다. 결정적으로 제게 목사님의 말씀이 들리기 시작하면서 외모를 최고로 여겼던 저의 죄성이 깨달아졌습니다. 그때부터 아내가 다르게 보였습니다. 그리고 저 자신을 객관적으로 보게 되었습니다. 제 배경과 형편을 보자면 저 또한 한없이 연약한 사람인데 누굴 평가하고 판단할 수 있었겠습니까? 그렇게 우리는 우여곡절 끝에 서로에 대한 사랑을 키워 갔고 목사님의 말씀대로 잘 순종하며 1년을 교제했습니다. 그러나 결혼을 결심하고 날짜를 정하고 나서는 정말 돈 한 푼도 없이 결혼을 준비해야 했습니다.

그때 우리 부부는 기도밖에 할 수 있는 것이 없어서, 하루하루 두렵고 떨리는 마음으로 기도하며 한 발씩 내딛기 시작했습니다. 그러자 하나님은 기적과 같은 방법으로 우리가 결혼할 수 있도록 자금을 마련해 주셨습니다. 우리 부부는 결혼을 통해 무에서 유를 창조하시는 하나님의 역사하심을 경험했습니다. 그리고 지금은 하나님만 의지할 수 있는 환경이 얼마나 축복인지 간증하며 살아갑니다.

저희 부부는 하나님 말씀을 통해서 서로를 바라볼 수 있게 되었습니다. 또한 상대의 모자란 부분을 이해하고 채워 줄 수 있는 부부가 되게 해 달라고 기도하게 되었습니다.

비록 보이는 것도, 가진 것도 없지만 같은 말씀으로 양육 받고 자신의 죄를 보며 믿음의 반석 위에 가정을 세우게 하신 하나님께 감사드립니다. 결혼을 앞둔 청년들에게 '같은 믿음의 배우자가 최고의 배우자'라고 말씀드리고 싶습니다.

예배가 회복된 사람은 말씀을 잘 듣게 되고, 말씀을 잘 들으면 그대로 적용하게 됩니다. 그리고 말씀을 적용하면 자유함과 기쁨이 생깁니다.

결혼의 목적은 기업 무르기입니다. 영적인 후사를 낳

고 믿음의 계보를 잇기 위해서, 구원 때문에 하는 결혼이라는 것을 잊지 말아야 합니다. 보아스는 기업 무르기를 위해 룻과 결혼하기로 적용하지만 룻과 반드시 결혼하겠다는 마음으로 절차를 무시하거나 초조해하지 않았습니다.

보아스는 결혼 절차를 진행하면서 이 결혼을 해도 되고, 안 해도 된다는 자유함이 생겼을 것입니다. 자신이 1순위가 아니었기에 1순위로 기업 무를 자가 결혼을 하겠다고 해도 룻에게 나쁘지 않겠다고 생각했습니다. 기쁜 마음으로 룻을 보내 줄 수 있겠다고 생각했습니다. 믿음은 빈 마음입니다. 룻과의 결혼에 당장 눈에 보이는 유익이 없어도 믿음으로 책임을 지는 것입니다.

기업 무르기에는 희생이 따릅니다. 희생을 감수하면서도 결혼을 해야 하는 이유는 고엘, 즉 기업을 무르기 위해서입니다. 고엘은 룻기의 주제입니다. 고엘은 팔린 땅을 되찾아 준다는 의미를 지니고 있습니다. 구약의 율법에 남편 잃은 여인과 결혼하는 규정이 있지만, 이것이 모든 사람에게 해당되는 것은 아니었습니다. 결혼을 목적으로 고엘, 기업 무르기를 하는 것이 아니라 기업을 무르기 위해서 결혼을 하는 것입니다. 이 순서가 바로 되어야 합니다. 남들이 다 하는 결혼 나도 해야만 될 것 같아서 결혼 자체를 목적으로 믿음을 보고 헌신하라는 것이 아닙니다. 영원한 기업이신 예수 그리스도, 구원의 계보를 이어 가는 것이 목적이 될 때, 주께서 정하신 만남으로 결혼이 이루어지는 것입니다.

남겨 두는 것이 있어야 진짜 사랑이다

결혼은 두 사람이 하나가 되는 연합입니다. 아교풀로 붙이듯이 딱 붙어 연합해야 하는데, 그러기 위해 나의 반을 버리고 상대방의 반을 붙이는 고통이 따릅니다. 생살을 잘라 내는 아픔과 새로운 것이 이식되는 아픔이 동반됩니다. 그러니 한 번에 연합되기가 얼마나 어렵겠습니까. 하지만 이 과정을 거쳐야 진정한 결혼의 원리를 이룰 수 있습니다.

결혼은 상대에게 속해서 서로 하나가 되는 것입니다.

부부간의 성행위를 말하는 구약의 히브리어 표현 '야다'는 '알다'라는 의미입니다. 성의 결합을 통해 우리는 서로를 인격적으로 깊이 알게 됩니다. 성이 육체적인 것뿐만 아니라 영적인 요소를 가지고 있기 때문입니다. 두 몸과 영혼이 하나가 되는 것이 성관계이고 이것은 결혼 안에서만 가능합니다.

쾌락만을 갈구하는 성은 이기적인 것이고 하나님의 창조 목적에 위배됩니다. 내가 정말 한 사람의 돕는 배필이라면, 결혼 전까지 순결을 지켜야 합니다. 어렵사리 돕는 배필을 찾았어도 어떻게 만남을 지속하고 사랑하는지 모르면 그것도 문제입니다. 인내 없이는 사랑을 할 수 없는데 그것도 인내하지 못하면서 무슨 사랑을 하겠습니까. 결코 혼전 순결을 함부로 여겨서는 안 됩니다.

처녀, 총각이 하는 결혼 전 성관계는 관계를 파괴시킵니다. 그러나 결혼 후의 성관계는 관계를 아름답게 해 줍니다. 결혼 전인가 후인가, 이 '때'가 너무 중요합니다.

결혼 전에 성관계를 가지면 그 순간부터 영적인 것은 떠나버리고 육적인 것만 남게 됩니다. 더 이상 상대방에게

흥미를 느끼지 못합니다. 왜냐하면 다 알아 버렸기 때문입니다. 다 알아 버리면 열정이 식습니다. 끝까지 가지 않고 남겨 두는 것이 있어야 설렘도 있습니다. 남겨 두었기에 훨씬 깊은 사랑을 하게 되고, 그대로 그 교제가 끝난다 해도 훗날 아름다운 추억이 될 것입니다. 그래서 끝까지 가지 않는 사랑, 고백을 못 해도 고백하는 사랑을 해야 합니다. 표현을 못 해도 표현되는 사랑을 할 수 있어야 합니다. 내가 열 가지 말과 행동을 하고 싶어도 너무 사랑하면 말도 잘 안 나오게 마련입니다. 육적으로 마지막을 지켜 주는 것, 끝을 남겨 두는 것, 이것이 진정 상대방을 존귀하게 하고 사랑하는 것입니다.

젊은 날의 성욕을 참는 것은 형극의 길이고 십자가 길입니다. 얼마나 고난인지 모릅니다. 그런데 그것을 참을 수 있는 사람은 무슨 일이든 할 수 있습니다. 그 사람이야말로 결혼할 자격이 있습니다. 결혼 전에 관계를 허락하면 결혼하고 나서 서로를 무시하게 됩니다. 스스로를 지키지 못했기 때문에 서로가 서로를 무시하게 되는 것입니다.

항상 하나님의 법이 중요합니다. 행복하게 살기 위해

불신 결혼을 하지 말라는 것이 아닙니다. 불신 결혼 하지 않는 것이 하나님의 법이기 때문입니다. 혼전 순결을 지키라고 하셨으니 지켜야 합니다. 그것이 하나님의 법이기 때문입니다. 그러기 위해서 스킨십도 절제해야 합니다. 스킨십을 하면 그다음 단계로 나가기가 쉬워집니다. 특별히 만날 때도 밤에 으슥한 자리는 피하는 것이 좋습니다. 환한 시간에 환한 곳에서 만나는 게 좋습니다. 낮에도 공원이나 사람들이 많은 장소에서 만나 빛의 교제를 나누는 게 좋습니다. 환경이 주어지는데 거절하기는 너무 어렵기 때문에 아예 빌미를 만들지 말아야 합니다.

그리고 성관계를 거절했다고 해서 '나를 사랑하는 것 맞나' 따지는 사람이라면 그 사람은 떠나게 내버려 두어야 합니다. 이는 정욕을 사랑으로 착각하는 것이고 그런 사람은 관계를 가진 후에 사랑이 식을 수밖에 없습니다. 인격은 사람과의 관계에서, 영성은 하나님과의 관계에서 드러나는 성품입니다. 어디까지 참을 수 있는가, 언제까지 참아 내는가가 인격이고 영성입니다. 이것이 혼전 성관계에도 그대로 적용됩니다.

그러나 제가 날마다 혼전 순결을 부르짖어도 우리들 교회에서도 혼전 임신을 하는 사례들이 나오고 있습니다.

　　혼전에 관계를 갖고 임신했다면 아이는 낳아야 합니다. 하지만 혼전 임신을 했다고 해서 반드시 결혼을 해야 하는 것은 아닙니다. 생명으로 주신 아이는 낳아야 하지만 두 사람의 영적·육적 상황에 따라서 결혼은 별개의 문제가 됩니다.

　　이제는 어엿한 학부모가 된 현경이와 정호 커플도 이런 과정과 훈련을 거쳐서 가정을 이루었습니다. 학창 시절에 아버지를 여의고 각종 사고를 치며 방황하던 현경이는 고등학생일 때 남자 친구를 만나고 혼전 순결을 지키지 못했습니다. 현경이의 엄마는 어떻게든 딸을 살리고자 "다른 것은 다 안 해도 되니 큐티 모임에만 참석하라"고 현경이에게 간청하면서 부지런히 말씀을 듣게 했습니다. 그리고 수능이 끝난 어느 날, 현경이가 임신한 사실을 고백했습니다.

제가 임신했다고 고백했을 때 엄마는 "하나님께서 너의 긴 방황을 끝내 주신다"며 꼭 안아 주셨습니다. 당시 큐티 말씀이 마리아가 예수님을 성령으로 잉태하는 누가복음 말씀이었는데 '한 번도 남자를 알지 못한 마리아도 예수님을 낳기로 결심하는데 온갖 죄를 지은 내가 낙태하는 죄까지 더할 수는 없지 않은가?'라는 생각에 아이를 낳기로 결심했습니다.

그러나 남자 친구 집에서는 "아직 고등학생인데 말도 안 된다"고 하시며 학교를 졸업하고 남자 친구가 군대에 다녀온 후에 결혼하라며 반대하셨습니다. 남자 친구 역시 믿음이 없었기에 부모님이 무서워 요셉처럼 가만히 끊고자 했습니다 (마 1:19). 저희 집안 어른들께서도 딸 인생을 망친다며 엄마를 나무라셨습니다.

저 역시 결혼의 확신은 없지만 생명을 죽이는 일은 할 수 없기에 입양을 생각하게 되었습니다. 그러다 주일 예배에서 은혜를 받은 남자 친구가 "큐티는 죽을 때까지 해야겠다"면서 저희 엄마 손을 붙잡고 눈물로 회개를 했습니다. 그러고는 저에게 정식으로 프러포즈를 했습니다. 저도 아이를 입양 보내면 죄책감에 괴로워하면서 더욱 죄 가운데 살 것 같았습니다. 그리고 생명은 전적으로 하나님의 주권이며, 내가 지은 죄보다 하나님의 결정이 경하다는 것을 믿었기에 결혼을 결심했습니다.

그날 저녁, 엄마와 저희 커플은 남자 친구 집에 찾아가 기다린 끝에 남자 친구의 부모님을 만났습니다. 엄마는 남자 친구 부모님에게 "아이는 내가 키우겠다"고 하시며 진심으로 호소하셨습니다. "지금 이 상황에서 제일 힘든 것은 제 딸입니다. 아이들이 낙태하고 나서 같은 사고를 치지 않으리라는 법이 있을까요? 그러니 아이들이 떳떳이 교회에 다니고 생활할 수 있도록 결혼을 허락해 주세요." 엄마의 진심 어린 호소에 감동하신 남자 친구 부모님은 마침내 결혼을 승낙하셨습니다.

어려서부터 사고도 많이 치고 엄마 속을 썩이던 현경이었지만 그래도 들은 말씀이 있어 아이를 낳기로 적용하고, 책임을 지는 사랑을 했습니다. 그리고 결혼식 전까지 순결을 지킨 후에 건강한 아들을 출산했습니다.

우리들교회 안에서 혼전 임신의 사례가 생겼을 때 먼저 그 일이 드러난 것에 대해서는 다행이라고 생각합니다.

자의든 타의든 임신이 드러났다면 낙태로 생명을 죽이는 일만은 막을 수 있기 때문입니다. 그리고 혼전 임신을 한 당사자들은 공동체의 치리와 양육을 받게 합니다. 교회 안에서의 활동이나 직분을 다 내려놓고 말씀으로 양육 받으며 회개와 회복의 시간을 갖는 것입니다. 그 시간 동안 하나님의 인도하심으로 결혼이 이루어질 수도 있고 안 이루어질 수도 있습니다. 대부분 결혼으로 이어져서 아이를 양육하고 있습니다. 또한 이미 임신까지 한 사이라고 해도 결혼 전까지 반드시 순결을 지키게 합니다. 지금부터라도 믿음으로 하는 결혼이 되도록 공동체에서 최대한 돕는 것입니다.

결혼의 목적은 기업 무르기입니다.
영적인 후사를 낳고
믿음의 계보를 잇기 위해서,
구원 때문에 하는 결혼이라는 것을
잊지 말아야 합니다.

내 마음 들여다보기

Q. 결혼에 대해 어떤 생각과 기대를 갖고 있습니까? 하나님께서 맡기신 사명을 생각하면서 돕는 배필을 구합니까? 남들다하는 거라서 때가 되면 해치워야 할 숙제쯤으로 여깁니까?

....

....

....

....

....

Q. 결혼을 결정하기까지 하나님의 인도하심을 확인하는 시간을 충분히 갖고 있습니까? 교제 기간, 조건, 외모를 떠나서말씀을 통해 얻은 인도함과 확신이 있습니까?

....

....

....

....

....

Q. 믿음의 교제를 위해 나에게 주어지는 만남을 소중히 여기고 기도로 준비합니까? 교제하는 상대가 있는 경우 공동체에 소개하고 공개적으로 만나며 검증 받고 있습니까?

. . . .

. . . .

. . . .

. . . .

. . . .

. . . .

Q. 혼전 순결에 대해 어떤 태도를 취합니까? 나와 상대방의 몸이 하나님이 거하시는 성전임을 알고 거룩하게 지키고 있습니까? 시대를 탓하고 세상 문화에 젖어서 '그럴 수도 있지' 하고 합리화합니까?

. . . .

. . . .

. . . .

. . . .

Chapter 2

신 결혼이냐 불신 결혼이냐, 그것이 문제로다

"결혼식이 일주일 남았으면 어때요. 일주일 전이 아니라 결혼식 당일 아침이라도 파혼할 수 있는 거예요!"

결혼식 일주일 전, 일생에서 가장 아름답고 행복한 순간을 꿈꾸는 예비 신부에게 제가 던진 말입니다.

고운 외모에 외국 유학까지 다녀왔다는 똑똑하고 예쁜 예비 신부는 '파혼'이라는 말에 하얗게 질린 얼굴이 되었습니다.

"목사님, 그래도 저희 집에서는 파혼은 절대 안 된다고 해요. 그리고 저도…… 그 사람이 저를 속이긴 했지만 헤어지기엔 정도 들었고…… 그렇다고 이대로 결혼하자니 도무지 믿을 수 없는 사람과 어떻게 가정을 이루겠는가 막막하고……."

이러지도 저러지도 못해서 저를 찾아온 예비 신부의 심정이 안타깝고 안쓰러웠습니다.

결혼식을 일주일 앞두고 상담을 하겠다며 찾아온 이 예비 신부는 우리들교회 교인도 아니고 하나님을 믿지 않는 불신자였습니다. 예비 신랑도 마찬가지로 불신자라고 하니 결혼 상담보다는 복음을 전할 생각으로 만난 자리였습니다.

자매의 사연은 이랬습니다. 유학을 다녀와서 경력을 쌓느라 결혼이 좀 늦어진 자매가 지인의 소개로 한 남자를 만났다고 합니다. 만나 보니 사람이 괜찮아서 교제를 시작했는데 한참 사귄 후에야 남자가 학력을 속였다는 걸 알게 되었습니다. 처음 소개 받을 때 들었던 학교가 아니라 전문대학을 나왔다는 것입니다. 하지만 사람이 좋고 단지 학력 때문에 헤어질 수는 없다는 생각에 만남을 이어 갔고, 결혼을 약속하고 양가 상견례까지 마쳤습니다. 그런데 상견례 후에 보니 남자가 사실은 대학도 안 나왔고 가정 형편도 본인이 말했던 것과 달리 너무 초라했습니다.

이대로 결혼할 수 없다고 생각한 자매는 파혼을 결심하고 남자와 헤어지려 했습니다. 그런데 자매의 집에서 "우리 집안에 파혼이란 없다! 청첩장까지 돌렸는데 무슨 파혼이냐, 살아 보면 다 그 남자가 그 남자다" 하면서 결혼을 강행시키려 한 것입니다.

눈물을 흘리며 그동안의 사연을 전하는 자매를 붙잡고 저도 절박하게 말씀을 전했습니다.

"남자가 대학을 안 나왔다, 집안이 초라하다 이게 문제가 아니에요. 한 몸으로 살아가야 될 자매를 거짓으로 속였다는 게 문제죠. 지금 자매가 우는 것은 당연한 겁니다. 결혼은 하나님이 짝지어 주시는 것이고 한번 결혼하면 절대 돌이킬 수 없어요. 그러니 결혼 전에 충분히 생각하고 점검하고 결혼식 당일이라도 아니다 싶으면 파혼할 수 있는 거예요. 파혼 자체를 두려워하지 마세요. 서로를 믿지 못하고 하는 결혼이 어떻게 유지될 수 있겠어요. 결혼 후에 겪을 일들을 생각하면 이제라도 하나님의 뜻을 구하고 믿음의 결단을 내려야지요."

자매가 먼저 예수 그리스도를 인생의 주인으로 모셔야 한다고 복음을 전했을 때 성령이 역사하셔서 자매의 마음이 열리고 영접 기도를 드릴 수 있었습니다. 이제 막 복음을 받아들인 자매에게 저는 결혼을 미루고 먼저 말씀으로 양육 받기를 권면했습니다. 예비 신랑과 같이 교회에 와서 6개월 동안이라도 말씀을 듣고 목장에 참여하면서 지체들의 중보를 받자고 했습니다.

그러나 서로가 눈물로 기도를 드린 후 잘 생각해 보겠다며 자리에서 일어난 자매는, 그 후에 교회에서 볼 수 없었습니다. 그리고 결혼식 전날, 그대로 결혼하기로 했다는 연락이 왔습니다. '자매가 파혼하겠다고 하니 어머니가 쓰러졌다고, 집안의 체면을 위해서도 파혼은 안 되겠다고, 그리고 예비 신랑이 좋은 사람이니 앞으로는 속이지 않을 거라고, 오히려 자꾸 의심만 하니 죄책감이 느껴진다'고 했습니다. 이 모든 상황에도 불구하고 결혼을 하겠다는 것입니다.

그렇게 결혼을 강행하겠다고 하니 안타까움이 밀려왔습니다. 그 결혼생활이 잘 유지될 수 있을까요? 거짓말은 단 한 번으로 끝날까요? 한 번 한 거짓말이라고 해도 예수를 믿지 않고 자신의 죄를 모른다면 거짓과 갈등은 앞으로도 계속될 수밖에 없습니다.

불신 결혼은 부모의 책임이다

결혼에서 가장 중요한 조건, 반드시 갖춰야 할 조건은 예수를 그리스도로 믿는 믿음입니다. 믿음의 결혼, 신(信) 결혼이 어떤 것보다 중요합니다. 믿음의 조상 아브라함이 죽기 전에 마지막으로 했던 사역이 바로 신 결혼 사역이었습니다. 아브라함은 아들 이삭의 배필을 구하기 위해 종 엘리에셀을 보내면서, "가나안 족속의 딸 중에서 내 아들을 위하여 아내를 택하지 말고 내 고향 내 족속에게로 가서 내 아들 이삭을 위하여 아내를 택하라"고 했습니다(창 24:4).

세상이 바뀌었다고 해도 자녀의 결혼에서 부모의 역할은 절대적입니다. 결혼을 오로지 자녀의 선택에만 맡기고 "지들끼리 좋으면 됐지" 하면 안 됩니다. 자녀가 믿음의 결정을 하도록 부모가 도와야 합니다. 또한 자녀가 믿음의 결혼을 소원하도록 어떻게 삶으로 보여 줄 것인가가 중요합니다.

불신 결혼은 온전히 부모의 책임입니다. 부모는 온몸으로 세상을 좋아하면서 오직 립서비스로만 믿음을 들

먹이고 "너는 믿음의 결혼을 해라" 그러면 그게 먹히겠습니까?

어떤 부모님은 잘 믿는다고 하면서 교회 안의 형제와 오랫동안 사랑을 키운 딸의 결혼을 몇 년간 반대합니다. 속으로는 남자의 직업이 못마땅하면서 이렇게 협박합니다.

"내가 기도해 보니 너희가 결혼하면 하나님이 친다고 하시더라."

이것은 전혀 신앙적으로 인도 받는 것이 아닙니다. 우리 모두 십자가 지는 인생인데 대체 친다는 게 무엇입니까?

입으로 가르쳐도 부모의 삶이 따라 주지 않기 때문에 먹히질 않는 것입니다. 그래서 부모가 삶으로 보여 줘야 합니다. 신 결혼이 왜 좋은지 온몸으로 살아내야 합니다. 말로만 믿음의 결혼을 하라고 해서 되는 것이 아닙니다. 아브라함과 사라의 삶이 있었기에 이삭이 리브가를 만나게 되었습니다.

아브라함의 인생을 마감하는 한 구절이 "여호와께서 그에게 범사에 복을 주셨더라"입니다(창 24:1). 나의 마지막 순간에 '범사에 복을 주셨더라'고 말할 수 있는 인생입니까? 부모로서 이것이 자녀에게 보여 줘야 할 인생의 관건입니다.

참으로 바랄 수 없는 많은 상황을 거치고 지나가면서 아브라함은 거룩한 삶을 살게 되었고, 마지막에 귀한 아들 이삭을 번제로 드리라는 하나님의 시험 앞에서 요동함이 없는 믿음의 사람이 되었습니다. 이것이 여호와께서 범사에 복을 주신 인생의 모습입니다. '바랄 수 없는 중에 바라는 믿음'(롬 4:18)으로 하나님을 경배하고 예배하는 것이 범사에 복을 받는 인생이고 자녀의 결혼을 위해 평생 준비하는 부모의 자세입니다.

믿는 사람에게는 '불신 결혼은 절대 안 된다'는 확실한 원칙이 있어야 합니다. 결혼에서 가장 중요한 것은 '믿는 족속이냐 아니냐'입니다.

아브라함의 첩인 하갈이 늠름한 아들 이스마엘을 낳아 주었지만 결국 아브라함 곁을 떠나고, 하나님과 상관없이 이스마엘을 애굽 여인과 결혼시키는 것을 보면서 아브라함은 믿음의 배우자가 얼마나 중요한지 깨달았을 것입니다. 하나님께서 허락하신 본처 사라가 아니면 영적 후사를 낳을 수 없다는 걸 처절히 깨달았기에, 가나안 이방 여인과 결혼해선 안 된다고 확실하게 못을 박았습니다. 아브라함이 그랄 왕 아비멜렉과 교분을 맺고 헷 족속 에브론과도 친밀함을 나누며 무역도 하고 돈도 벌었지만 그들과의 결혼만은 안 된다는 것입니다.

아브라함의 이런 확신은 말씀에 의거한 것이었습니다. 창세기 9장과 15장에 하나님께서 '가나안 족속은 멸망당할 족속'이기에 그들과 혼인을 맺지 말라고 말씀하셨기 때문입니다. 아브라함이 가나안에 매장지를 샀지만 이는 그 땅에 안주하기 위해서가 아니라 그 땅을 변화시키기 위해서였습니다. 내가 선 곳, 하나님께서 지시하신 땅에 뼈를 묻어야 하지만 그곳을 변화시키기 위해서는 세상 사람인 가나안 사람을 택해서는 안 됩니다. 우리가 믿음으로 이 세상을 변화시키기 위해서 나의 동역자, 배우자는 고향 족속 믿음의 사람이어야 합니다. 고향 족속, 믿는 사람이라고 특별히 행위가 바르고 훌륭해서가 아닙니다. 부족하고 형편없고 콩가루 같은 집안 출신이라도 하나님을 믿고 하나님의 말씀을 아는 사람들이 하나님의 이름을 부르며 하나님 나라를 확장해 가는 것입니다.

잘못된 결혼관의 결론

"서울대라고 다 같은 서울대냐. ○○과, △△과, □□
과 전공만 쳐 주는 거야. 돈도 그냥 돈이 많다고 부자가 아
니야. 집안 대대로 돈이 많아야 진짜 부자야. 그리고 돈만
많아도 안 돼. 거기에 학식과 교양이 갖춰져야 잘산다고
할 수 있지."

모태신앙인으로 주일성수를 하며, 새벽기도도 나가
고 주일학교 교사까지 하던 어느 자매의 결혼관입니다.

겉으로 경건의 모습은 다 갖추었지만 같이 교회에 다
니는 또래 남학생들을 보면 '쟤네들은 갈 데도 없나? 할 일
도 없나? 왜 저렇게 교회에서 사나?' 하면서 무시했습니
다. 명문 대학에 들어간 후에도 제가 인도하는 큐티 모임
에 참석하며 말씀을 들었지만 그것이 삶으로는 이어지지
못했습니다.

그러더니 오직 믿음만 빼고 좋은 조건은 다 갖춘 남편을 만나 찬란하게 불신 결혼을 하고 말았습니다. 자매가 부르짖던 잘사는 집안 출신에 유능한 남자를 만나 결혼하면서, 자매는 남편이 경제 부처 장관이 되어 부부 동반으로 청와대 오찬에 참석하는 장면을 상상했다고 합니다.

　　그러나 그렇게 잘난 남편은 신혼여행으로 향하는 비행기 안에서부터 싸늘하게 변하더니 노골적으로 자매를 무시하기 시작했습니다. 차가운 독설과 비아냥거리는 태도로 매사를 지적하고 사람들 앞에서도 무안을 줬습니다. 남편하고 한마음이 돼서 다른 사람들을 무시할 때는 몰랐는데 남편한테 무시를 당하기 시작하니 한없이 비참했습니다. 자신이 부인인지, 룸메이트인지, 가사 도우미인지 정체성이 흔들렸고 가정도 같이 흔들렸습니다.

신 결혼에 타협이란 없다

자존심 때문에 어디에 말도 못 하고 이혼도 못 하고, 숨이 쉬어지지 않을 정도로 고난이 차올라서야 자매는 그토록 불신 결혼은 안 된다고 부르짖던 제가 생각났다고 합니다. 그저 살기 위해서 우리들교회에 나오기 시작했고, 자매가 할 수 있는 것은 오직 예배를 사수하는 것밖에 없었습니다. 어린 딸의 손을 잡고 주일예배와 수요예배와 목장예배에 가고, 목장에서 울고, 큐티하고 목장보고서에 올라온 지체들의 기도 제목을 보면서 기도하고 또 기도했습니다.

그즈음 자매의 남편은 고급 공무원 자리를 그만두고 나와서 사업을 시작했고, 사업이 생각대로 되지 않으면서 경제적인 고난이 찾아왔습니다. 거기에 남편이 회사의 여직원과 바람을 피우고 있었다는 사실까지 드러났습니다.

믿음과 상관없이 조건만으로 선택한 결혼의 결론은 참으로 가혹했습니다. 이 가혹한 고난의 상황에서 어떤 태도를 취하겠습니까? 하나님께서 다시 선택의 기회를 주신다면 어떤 선택을 하겠습니까?

이때에도 역시 지켜야 할 것은 믿음의 원칙입니다. 결혼의 목적은 '땅과 씨'입니다. 여호와 하나님께서 아브라함에게 "이 땅을 네 씨에게 주리라"(창 24:7)고 약속하셨습니다. 가나안 땅을 정복하기 위해서 나의 씨, 믿음의 후사가 와야 합니다. 그것 때문에 결혼을 하는 것입니다. 하나님 나라의 지경을 넓히기 위해 영적 자손을 생산하는 것이 결혼의 목적입니다. 구원 때문에 결혼을 하는 것입니다.

자매가 조건을 보고 불신 결혼을 했지만 이제는 인생의 목적이 달라졌습니다. 결혼도 인생의 목적도 인간적인 행복이 아니라 구원으로 바뀌었습니다. 그래서 남편의 외도를 알게 된 날에도 자매는 여전한 방식으로 큐티책을 펴고 말씀을 묵상했습니다. 그날의 큐티 본문은 스가랴 4장 말씀이었습니다.

1 내게 말하던 천사가 다시 와서 나를 깨우니 마치 자는 사람이 잠에서 깨어난 것 같더라······ 7 큰 산아 네가 무엇이냐 네가 스룹바벨 앞에서 평지가 되리

라······ 8 여호와의 말씀이 또 내게 임하여 이르시되
9 스룹바벨의 손이 이 성전의 기초를 놓았은즉 그의
손이 또한 그 일을 마치리라 하셨나니 만군의 여호와
께서 나를 너희에게 보내신 줄을 네가 알리라 하셨느
니라_슥 4:1~9

하나님의 말씀이 나팔 소리처럼 자매의 잠을 깨웠습
니다. 그리고 자매는 죄 사함의 권세를 가지신 예수님을
바라보았습니다. 유능한 남편을 등에 업고 자신의 야망을
이루려고 했던 불신 결혼의 죄가 깨달아졌습니다. 자매의
교만이 하늘을 찔렀기 때문에 남편에게 무시와 배신을 당
하는 고난의 훈련이 필요했던 것임을 깨달았습니다.

그리고 기적이 일어났습니다. 남편이 뉘우치고 돌아
와 자매한테 잘해 줘서일까요? 망해 가던 남편의 사업이
다시 잘돼서일까요? 이런 건 기적이 아닙니다. 자매에게
기적은 '공동체'였습니다.

이기적이고, 내 시간만 중요하고, 내 감정만 소중하고, 내 가

족만 특별한 저에게 지체 의식이 생겼다는 것은 기적 중의 기적입니다. 머리 되신 예수님의 충만한 지체인 공동체가 저의 십자가를 나눠 지고 함께 아파하며 중보해 주었습니다. 저는 보이지 않는 하나님의 형상을 공동체를 통해 보고 체험했습니다. 믿음의 공동체가 있었기에 저도 경건의 연습을 통해 남편에게 믿음의 본을 보일 수 있었습니다. 그렇게 남편을 교회로 인도했고 남편은 세례까지 받았습니다. 이제는 동창의 남편이나 지인이 정부 부처 기관의 기관장이 되었다는 소식을 들어도 남편과 흑암에 있던 시간이 너무 무섭고 뜨거워서 절대 다시 예수님 없는 세상으로 돌아가고 싶지 않습니다. 교만과 무시와 탐심과 시기가 피부처럼 달라붙어 있는 저에게 찾아오셔서 만물을 붙들고 죄를 정결케 하는 능력의 말씀(히 1:3)으로 양육해 주신 하나님, 감사합니다. 천사를 주님보다 우월한 존재로 혼동하지 않도록 예수님이 누구인지 알게 해 주신 하나님, 사랑합니다.

결혼은 육체의 결합일 뿐 아니라 영적인 연합이기에 불신 결혼은 심각한 배교 행위입니다. 믿지 않는 사람과 결혼을 하지 말라는 것이 꼭 고난과 핍박이 오기 때문만은 아닙니다. 고난과 핍박이 오기도 하지만 영원한 생명으로 나가는 구원을 이루는 데 결정적으로 걸림돌이 되기 때문입니다.

목숨 걸고 막아야 할 불신 결혼

불신 결혼은 목숨을 걸고 막아야 합니다. '다윗의 아들 솔로몬도 불신 결혼을 했는데 어떻게 내가 막을까?' 하지 말고 어떻게든 막아야 합니다. 선지자 느헤미야가 이방 여인과 결혼한 자들을 어떻게 막았습니까?

> 내가 그들을 책망하고 저주하며 그들 중 몇 사람을 때리고 그들의 머리털을 뽑고 이르되 너희는 너희 딸들을 그들의 아들들에게 주지 말고 너희 아들들이나 너희를 위하여 그들의 딸을 데려오지 아니하겠다고 하나님을 가리켜 맹세하라 하고_느 13:25

느헤미야는 그들을 책망하고 저주하고 때리고 그들의 머리털을 뽑았습니다. 당시 유다 귀인과 지도자들, 대제사장까지 산발랏과 도비야 같은 원수와 혼인으로 동맹을 맺었습니다. 불신 결혼을 막아야 할 지도자들이 "가서 잘살면 되지 하나님 안 믿는 게 무슨 상관이야?" 하고 있으니 느헤미야가 교양이 아닌 진심으로, 최선을 다해서 막는 것입니다.

몸의 털을 뽑는 것은 심한 모욕인데, 에스라는 불신 결혼을 막기 위해서 자기 수염을 뜯기도 했습니다(스 9:3). 불신 결혼은 유다 공동체의 정체성을 무너뜨리는 일이기 때문에 느헤미야는 심한 모욕까지 불사하며 경고합니다. 이방 여인을 무시해서가 아닙니다. 문자적으로 민족적 혈통을 따지는 것이 아닙니다. 믿음과 불신의 문제이기에, 생명과 죽음의 문제이기에 그렇습니다. 믿음의 모델로 이스라엘을 택하셔서 신(信)과 불신(不信)을 보여 주시는 것이지 모압, 암몬, 아스돗을 무시하는 것이 아닙니다.

불신 결혼을 막아야 할 지도자들이 이방인과 통혼했다는 것은 심각한 일입니다. 교회에 수천 명, 수만 명의 사람이 모인다고 해도 불신 결혼을 심각하게 여기지 않으면 백 년 후 교회의 미래는 없습니다. 이때 불신 결혼으로 태어난 자녀들이 유다 말을 쓰지 못해(느 13:24) 성경도 못 읽을 지경이 되었다고 합니다. 마찬가지로 불신 결혼은 교회를 무너지게 합니다. 그래서 한 사람의 결혼, 한 가정의 믿음의 결혼이 진짜 중요합니다. 불신 결혼이 가장 큰 악(惡)인 이유는 예수님이 오시는 것을 직접적으로 막기 때문입니다.

그렇기에 불신 결혼을 막기 위해서라면 어떤 조롱과 모욕을 줘도 지나치지 않습니다. 결혼 전에 당하는 조롱은 일시적인 것입니다. 불신 결혼을 한 후에 겪을 고통이 너무 심각하기 때문에 어떤 모욕을 주더라도 결혼 전에 막아야 합니다.

느헤미야는 모욕을 주는 것으로 끝내지 않고 불신 결혼한 대제사장의 증손자를 내쫓고 직분을 빼앗았습니다. 십일조 문제에서 대제사장 엘리아십을 꾸짖지 않고 민장들을 꾸짖던 느헤미야(느 13장)가 하나님의 뜻을 정면으로 거스른 불신 결혼만은 두고 볼 수 없어 젊은 제사장을 쫓아냈습니다. 십일조는 돌이켜 지킬 수 있지만 불신 결혼은 돌이킬 수 없기 때문입니다.

느헤미야가 쫓아냈어도 젊은 제사장이 회개하며 안 떠날 수도 있었습니다. 그런데 그는 직분을 버리고 떠났습니다. 왜 그랬겠습니까? 이스라엘 제사장 직분과 비교가 안 되는 장인 산발랏의 세력이 있기 때문입니다. 역사가 요세푸스에 의하면 이 제사장은 므낫세인데, 산발랏이 그를 위해 예루살렘 성전과 똑같은 성전을 그리심산에 세웠다고 합니다. 그래서 므낫세가 그리심산 성전의 제사장이 됐습니다. 처가에 예루살렘 성전과 똑같은 성전을 지어 줄 재력이 있으니 대제사장 직분을 던지고 산발랏에게 간 것입니다.

느헤미야가 훈계하면 대제사장이 깨닫고 돌아와야 하는데, 그가 느헤미야의 권고를 듣고도 회개하지 않고 끊지 않았기 때문에 쫓겨날 수밖에 없었습니다. 그렇다고 이것을 문자 그대로 적용해서 안 믿는 배우자를 집에서 쫓아내면 안 됩니다. 결혼 전이라면 내쫓김을 당할 만큼 불신 결혼이 큰 죄라는 걸 깨닫고 돌이켜야 합니다. 그러나 이미 결혼을 했다면 하나님보다 세상을 사랑하고 돈을 사랑하는 나의 이방 가치관을 쫓아내라는 뜻입니다.

자신의 죄와 부족을 아는 사람을 고르라

"제가 열 살 때 엄마가 암으로 돌아가셨어요. 지금 어머니는 새어머니예요. 부모님과의 갈등으로 방황하고, 그러다 남자 친구를 사귀어서 임신을 하고 어쩔 수 없이 낙태를 했어요. 저 자신을 살인자라고 여기고 스스로를 저주하며 살았지요. 낙태한 것을 회개하기는커녕 낮은 자존감으로 내 몸을 망가뜨리면서 동성애의 죄까지 지었습니다. 저는 이런 사람입니다. 어때요? 저와 결혼해 주시겠어요?"

이런 청혼을 받는다면 어떤 대답을 하겠습니까? 교회 안에서 만난 신실한 자매이고 매력을 느껴서 다가갔는데 이런 고백을 한다면 어떻게 반응해야 할까요? 하나님을 믿는 사람으로서 적어도 돈, 외모, 학벌, 집안은 안 따진다고 해도 인간적인 성품과 도덕성, 순결의 문제에 대해서도 오직 믿음으로 극복할 수 있을까요?

물론 여기에 정해진 답이 있는 것은 아닙니다. 각자의 믿음과 상황에 따라서 하나님의 인도하심이 다를 것입니다. 그러나 배우자를 찾을 때 반드시 따져 보아야 할 한 가지는 '그리스도 안에서 자신의 죄와 부족함을 보는가'입니다.

예수님은 "악하고 음란하다"고 이 세대의 특징을 딱 두 가지로 말씀하셨습니다. 그래서 도덕적 행위나 성품이 아닌 '나는 죄인이다. 죽어 마땅한 나 같은 죄인을 예수님이 구원해 주셨다'는 고백이 배우자를 고르는 조건이 되어야 합니다. 나는 이렇게 반듯하고 의롭다고 자신을 소개하는 사람이 아니라, 고난과 죄를 내어놓으며 그런 가운데서 '나는 이렇게 예수님을 믿었다'는 간증이 있는 사람을 골라야 하는 것입니다. "우리 아버지가 술 좋아하고 여자를 좋아하셨는데 이것이 나한테도 흘러 내려와서 나에게도 음행이 있는 것을 알았다." 이런 고백을 하는 사람이 배우자의 조건에 합당합니다. 극단적인 표현이지만 겉모습이 창녀라도 자기가 죄인인 것을 아는 사람이 '나는 죄가 하나도 없다'고 하면서 모든 조건을 갖춘 사람보다 훨씬 낫습니다.

회개하는 사람은 매력이 있다

우리들교회가 창립한 지 17년이 된 지금 청년부에 2천여 명이 모이는 부흥이 일어났습니다. 그 이유는 무엇보다 청년들의 진솔한 간증 때문입니다. 우리들교회는 말씀으로 인생이 해석된 청년들이 나와서 매주 예배 때마다 간증을 합니다. 부모님은 이혼하셨고, 나는 우울증이고, 스펙이 없고, 혼전 낙태를 했고, 혼전 순결을 못 지켰고, 아이까지 낳았다는 고백을 합니다. 시집 장가도 안 간 청년들이 이런 간증을 하니 혼삿길 막힌다고 걱정하는 사람들도 있을지 모르겠습니다. 그런데 오히려 간증을 한 형제자매들은 공동체 안에서 더욱 신뢰와 사랑을 받습니다. 결혼을 결정할 때 상대방을 얼마나 잘 아는지가 중요한데 이미 공동체에서 검증이 되었기 때문에 간증한 청년들이 결혼도 더 잘 이루어집니다.

　　재혼 가정에서 자라며 혼전 임신과 낙태, 동성애의 죄를 고백한 경아 자매의 간증은 여자로서 수치를 당할 수도 있는 어려운 고백이었습니다. 그러나 자매의 죄와 고난이 수치가 아니라 은혜의 통로가 될 수 있었던 것은 거기에 하나님과의 만남이 있었기 때문입니다.

　　열 살이라는 어린 나이에 엄마를 암으로 잃으면서 자매에게는 아버지로 인한 상처가 있었습니다. 엄마의 암이 초기라서 치료가 가능했는데 돈을 버느라 부재중이었던 아버지가 방치했기 때문에 엄마가 돌아가신 거라고 생각했습니다. 그래서 '아버지는 엄마를 죽인 살인자'라고 생각하며 원망했다고 합니다. 자매는 아버지의 재혼에 동의하긴 했지만 새엄마와 원만히 지낼 수 없었고, 아버지는 '너만 엄마를 잘 섬기면 우리 가족이 행복할 수 있다'며 자매를 때렸습니다. 세상 어디에도 기댈 곳이 없었기에 독하게 마음을 먹었지만, 사랑을 받고 싶어 자매를 예뻐해 주는 남자 친구에게 기대며 몸과 마음과 돈을 모두 바쳤습니다. 결국 어린 나이에 임신을 하고 낙태까지 하게 되었습니다.

　낙태 수술을 한 후 경아 자매는 아기를 살리기 위해 병원을 찾다가 아기는 죽고 자매는 주저앉아 오열하는 꿈을 반복해 꾸었습니다. 낙태는 자매에게 치명적인 상처였습니다. 더욱이 자매처럼 상처가 많았던 남자 친구가 자살을 하면서, 자매는 세상에 혼자 남겨졌다는 슬픔과 두려움으로 죽고 싶은 생각밖에 없었다고 합니다. 스스로를 살인자로 여기고 지옥 같은 삶을 살면서 죄와 두려움에 사로잡혀 동성애에까지 빠지게 되었습니다.

　그렇게 바닥까지 내려간 자매를 다시 일으킨 것은 "예수님을 믿으라"는 엄마의 유언이었습니다. 경아 자매는 엄마의 기도와 유언을 생각하며 교회로 돌아와서 말씀을 붙잡기 시작했습니다. 그리고 하나님은 시편 119편 25절 말씀으로 자매를 만나 주셨습니다. "내 영혼이 진토에 붙었사오니 주의 말씀대로 나를 살아나게 하소서."

　여자로서, 한 인간으로서 자매가 살아온 인생을 하나님이 다 알고 계시고, 위로해 주시고, 떠나보낸 아기도 하나님께서 책임져 주신다는 확신을 얻으며 자매는 말씀대로 살아나는 경험을 했습니다. 부모님을 탓하고 환경을 탓하고 하나님도 원망했는데 누구 때문이 아니라 바로 자신이 죄인이고, 그런 자신을 살리시려고 하나님께서 허락하신 사건들이라는 것을 깨달았습니다.

간증을 한 후 경아 자매에게는 여전히 두려움이 많았다고 합니다. 하나님은 자매를 있는 그대로 받아 주셨지만 사람은 그러지 못할 것이라는 마음 때문이었습니다. 그러나 진실한 마음으로 자매를 좋아해 주는 형제를 만나게 되었고, 자매는 예전과는 다른 안정감을 느끼며 믿음으로 교제하고 결혼도 하게 되었습니다. 하나님께서 인도하신 믿음의 결혼을 하면서 자매는 남편이 있는 그대로의 자신을 받아 주는 대상이 아닌 아내의 머리로 세우신 순종의 대상임을 알았다고 귀한 깨달음을 나누었습니다.

신 결혼을 소망하라

사랑이 결혼을 결정하는 최우선의 조건은 아닙니다. 그러나 하나님이 택한 결혼이라면 결혼 후에 하나님의 인도로 부부간에 사랑을 채워 주십니다. 인간은 사랑을 할 수도, 만들 수도, 지을 수도 없지만 하나님은 사랑 그 자체이십니다. 그러므로 내가 하나님 때문에, 믿음 때문에 결혼했다면 사랑을 할 수도 만들 수도 지을 수도 있게 됩니다.

북이스라엘이 망하기 직전 하나님께서는 선지자 호세아에게 집을 나가 방황하는 음란한 아내와 문제 많은 자녀들을 묶어 주셨습니다. 이스라엘의 영적 문란함과 부패함을 보고 아파하시는 하나님의 사랑을 겪어 보라고 호세아의 결혼을 통해 메시지를 주신 것입니다. 그렇다고 우리가 사랑을 배우기 위해서 무조건 문제 많은 사람과 결혼하라는 말이 아닙니다.

우리는 백 퍼센트 죄인입니다. 그래서 우리 모두에게는 예수님이 필요합니다. 죄에서 구원하시고 우리를 거룩하게 하시는 예수 그리스도의 은혜 없이는 아무것도 할 수 없습니다. 내가 죄인이고 그래서 예수 그리스도의 구원과 은혜가 필요하다는 것을 인정하는 사람끼리 만나야 하는 것입니다.

오직 예수 안에서 나는 그리스도의 냄새일 뿐입니다. 내가 잘난 것이 하나도 없지만 하나님께서 나를 구원해 주시고 사망에서 생명으로 옮기셨습니다. 그래서 내 생명의 냄새를 알아보고 찾아온 사람과 결혼해야 합니다. 생명의 냄새를 가진 남녀가 만나 연결되고 연합하는 것이 신 결혼입니다. 세상의 조건은 들어갈 것이 하나도 없습니다.

요즘 말하는 골드미스로 결혼은 못 했지만 아쉬울 것 없이 잘 살아가던 의사 자매가 있습니다. 세상의 조건으로는 얼마든지 연애도 하고 결혼도 할 수 있었지만 자매에게는 신 결혼의 소망이 있었습니다. 혼기를 놓칠까 하는 주변의 염려와 외로움으로 마음이 흔들릴 때도 있었지만 믿음의 배우자를 만나리라는 소망으로 열심히 공동체에 붙어서 양육을 받았습니다.

어느 날 드디어 자매가 믿음의 교제를 하고 있다는 소

식이 들려왔습니다. 그렇게 큐티하고 기도해서 만난 형제가 어떤 사람인가 보니 '오직 믿음'을 외치는 저에게도 조금은 의외의 대상이었습니다. 하지만 자매와의 결혼을 앞두고 형제가 나눈 간증을 들으면서 이 둘의 만남이 말씀으로 맺어진 믿음의 연합임을 알 수 있었습니다.

직장생활을 시작하면서 교회를 한두 번 빠지니 무감각해져 십 년 넘게 교회를 등졌습니다. 그 시간 동안 열심히 돈을 모아서 술, 담배, 온라인게임, 야한 동영상, 불신 교제 등에 빠져 살았습니다. 죄는 더 큰 죄를 낳아 결혼은 미친 짓이란 가치관으로 몇 개월간 동거도 했습니다. 여자 친구가 낙태했다는 말에도 죄의식이 없었습니다. 그러다가 30대가 되어 탕자처럼 돈도 없고, 건강도 나빠지자 삶이 곤고해졌습니다. 그런데 음주 운전으로 면허 취소가 되면서 목자님이 권면하시기에 교회 양육을 받았습니다. 그래도 제가 정신을 못 차리니 하나님께서 다시 사건으로 찾아오셨습니다. 3개월 뒤 한적한 시골길에서 일 핑계로 무면허 운전을 하다 음주 검문을 받았습니다. 술을 마시지 않아서 다행이라고 생각했는데,

음주 측정과 면허증을 검사하는 특별 검문에 걸려 경찰서에 두 번째로 끌려갔습니다.

경찰서 의자에 앉아 있는데 두 번의 사건으로 하나님이 개입하신 것이 깨달아져 소름이 끼쳤습니다. 경찰관이 조사하는 소리가 하나님께서 경찰 제복을 입고 심문하시는 목소리로 들렸고, "네 죄를 보라"고 외치시는 것 같았습니다. 두려워졌습니다.

그 후로 신기하게도 말씀이 들리기 시작했습니다. 제가 백 퍼센트 죄인이라고 인정되었을 때 하나님이 주신 말씀은 고린도후서 5장 17절 말씀입니다. "그런즉 누구든지 그리스도 안에 있으면 새로운 피조물이라 이전 것은 지나갔으니 보라 새것이 되었도다." 그리스도를 떠나 밤 문화를 좇아서 신용 불량자가 되고, 몸이 망가지고, 사람들에게 손가락질 받으며 외면당하는 사건이 왔을 때는 이대로 죽어도 할 말이 없다고 자포자기했습니다. 그러나 철저히 혼자가 되어서 겪은 이번 사건은 제가 예수님을 의지함으로 새로운 피조물이 되는 통로가 되었습니다.

목사님의 설교를 들으면서 인생의 목적이 달라지고 삶이 변

하기 시작했습니다. 술친구들을 떠나 목장 식구들이 친구가
돼 주었고, 목장보고서를 정성껏 쓰니 그에 붙는 댓글에 힘
이 나고 행복했습니다.

건강이 회복되고 십일조를 내기 시작할 무렵, 과거 불신 교
제를 했던 여자로부터 만나고 싶다는 연락이 왔습니다. 악하
고 음란하여 모든 여자에게 'NO'를 못 하는 제 성품으로는
거부할 수 없는 유혹이었지만 연락을 받지 않았습니다. 목장
에 오픈하니 그 여자에게 연락하지 않고 연락을 받지도 않은
것이 최고의 적용이라며 칭찬도 받았습니다. '아, 이렇게 적
용하는 것이구나' 깨달아지고 공동체의 중요성을 실감했습
니다.

그 무렵 목장과 청년부 모임에 빠짐없이 잘 참석하는 자매가
눈에 들어왔습니다. 그러나 주변에서 들은 그 자매의 스펙과
믿음이 너무 높아 보였고, 믿음도 약하고 가진 것 없는 나를
당연히 거부할 것 같다는 생각도 들었습니다. 그러나 한편으
로는 '신 결혼에 대한 소망을 품고 있다면 아무것도 가진 것
없는 나 같은 사람도 거절하지 않고 불꽃같은 눈으로 지켜볼
지 몰라' 하는 희망을 품게 되었습니다.

"자매를 좋아한다. 내 과거는 지질하고, 가진 것은 없지만 새 사람이 되어 가고 있다. 내 마음속에 자매 외에 다른 여자가 없고 언제까지라도 기다릴 수 있으니 지켜봐 달라"고 용기를 내어 고백했습니다. 이후 처가의 반대도 있었지만, 늘 설교에서 들은 대로 "옳소이다" 하며 순종했더니 하나님이 순적하게 결혼으로 인도해 주셨습니다.

의사인 자매와 조건만 가지고 비교한다면 형제는 전문대학을 나와 직장도 불안정한 상황이었습니다. 그렇지만 자신의 죄와 부족을 알고 말씀으로 인도함을 받는 형제를 보고 자매가 믿음의 선택을 한 것입니다. 이 부부가 결혼을 해서 딸을 낳았는데 볼 때마다 얼마나 예쁜지 모릅니다. 이 부부가 결혼하지 않았으면 어쩔 뻔했나 생각될 정도로 무척 잘 살고 있습니다. 인생은 돈이나 스펙으로 사는 것이 아니기 때문입니다.

인간은 사랑을 할 수도, 만들 수도,
지을 수도 없지만 하나님은 사랑 그 자체이십니다.
그러므로 내가 하나님 때문에, 믿음 때문에 결혼했다면
사랑을 할 수도 만들 수도 지을 수도 있게 됩니다.

내 마음 들여다보기

Q. 예수 그리스도를 주로 믿는 믿음 외에 내가 구하는 결혼의 조건은 무엇입니까? '믿음은 기본'이라고 하면서 그 기본을 잊게 만드는 외모와 돈과 직업에 타협합니까?

....

....

....

....

....

Q. 불신 결혼이 어떤 모욕과 형벌을 당해도 마땅한 죄라는 것에 동의합니까? 너무 폐쇄적인 생각이라고, 광신이라고 매도합니까? 불신 결혼의 죄악과 대가가 얼마나 큰지 성경이 증거하고 있음을 정확히 알고 그대로 가르치고 전합니까?

....

....

....

....

Q. 순결하고 바르고 성실한 배우자를 구합니까? 하나님이 없는 순결과 정직과 성실은 스스로를 의롭다 하는 바리새인의 성품이라는 것을 아십니까? 행위가 아닌 믿음의 고백과 간증이 있는 사람을 만나고 있습니까?

Chapter 3

결혼에도 분명한
타이밍이 있다

대학 입시도 삼수 만에 겨우 성공하더니 취업도 어렵고 장가도 어렵고, 꽉 막힌 도로처럼 도무지 인생의 진도가 안 나가던 제 아들이 며느릿감을 데려왔습니다. 서글서글한 외모에 청년부에서 함께 양육을 받는 신실한 자매입니다. 아버지는 대학교수이고 본인의 직업은 변호사라고 합니다.

이렇게 반듯하고 조건까지 갖춘 자매가 내 아들을 좋아해 준다니 고맙고도 신기한 마음으로 반갑게 맞아 주었습니다. 그리고 자매의 두 손을 꼭 잡고 이렇게 말했습니다.

"얘, 결혼 전에는 얼마든지 그만둘 수 있으니 지금이라도 다시 생각해라. 내가 30년 넘게 같이 살아 봐서 아는데 우리 아들하고 사는 게 보통 고생이 아니란다."

저의 진심 어린 만류에도 불구하고 자매는 아들과 결혼해서 제 며느리가 되었습니다. 그동안 저의 설교와 간증을 통해 아들 이야기를 들어왔기에 아들의 약점도 알고 부족한 점도 잘 알지만, 그 약점들을 다 덮을 만큼의 큰 장점이 아들에게 있다는 것입니다. 그 큰 장점이라는 게 무엇이었을까요?

"목사님, 저도 오빠의 약점들을 잘 알고 있어요. 그런데 오빠만큼 하나님을 사랑하고 진심으로 기도하는 사람은 못 만날 것 같아요. 오빠는 저를 만날 때마다 기도로 시작해서 기도로 마무리하고 힘든 제 아버지를 위해서 기도해 주었어요. 제가 출장을 가서 설교를 못 듣는 날에는 설교 말씀을 요약해서 보내 주었고요. 늘 전도와 양육에 관심을 쏟고, 설교에서 목사님이 자기 이야기를 해도 불평하지 않고 항상 감사하는 거예요."

생각해 보면 제가 한결같이 자녀들에게 강조한 것은 믿음과 큐티였습니다. "공부해라, 일찍 일어나라"고 자녀들을 깨운 적은 없지만 아침마다 "큐티하자"고 붙잡고 매일 말씀을 묵상했습니다. 그래서 부족함도 약점도 많은 자녀들이지만 누구보다 하나님을 사랑하고 예배와 큐티, 전도에 힘쓰는 사람으로 자라 주었습니다.

그럼에도 어렵게 데려온 며느릿감을 붙잡고 결혼을 만류한 것은 결혼을 결단하기까지 하나님께 묻고 또 물어야 한다는 것을 강조하기 위해서였습니다. 그래서 결혼을 시키기 전에는 만날 때마다 며느릿감에게 선포를 해 두었습니다.

"우리 아들은 이런 애란다. 나중에 이럴 줄 몰랐다는 소리 하지 말고 다시 생각해 봐라."

다들 이렇게 솔직하게 말만 하면 될 것을 이 쉬운 걸 안 하고 덮어 두고 결혼만 하려 듭니다. 어떻게 보면 냉정해 보이겠지만 이것이 상대방을 위한 배려입니다. 당연히 여느 부부처럼 아들과 며느리도 티격태격 다툼을 하곤 합니다. 그래서 속상한 며느리가 원망이라도 하려고 하면 제가 기억을 되살려 줍니다.

"얘, 그래서 내가 미리 말해 주었잖니?"

결혼을 결단하는 타이밍

결혼의 결단을 하기란 참 어렵습니다. 다 알 것 같아도 모르는 것이 사람입니다. 어떤 사람이 결혼을 결단하는 과정에서 성격이 급한 나머지 강하게 밀어붙였다가 거절을 당했습니다. 그래서 다음에 만난 사람에게는 고백을 차

일피일 미루다가 시기를 놓쳐서 못 하고 말았습니다. 대체 무엇을 잘못한 걸까요? 결단이 이렇게 어렵습니다.

　서로 다른 남녀가 만나 여러 일로 갈등하겠지만 특별히 계획적인지 무계획적인지, 객관적인지 주관적인지에 따라 가장 많은 갈등을 겪는다고 합니다. 예를 들어 무계획적인 사람은 계획적인 사람을 보면 숨이 안 쉬어지고, 계획적인 사람은 무계획적인 사람을 보면 속이 터집니다. 객관적인 사람은 또 매사에 똑 부러져서 다정함과 배려가 부족하고, 주관적인 사람은 매사를 주관적으로 해석해서 쉽게 오해합니다. 예를 들어, 남편이 외식을 하자고 하면 '내가 하는 음식이 맛이 없어서 그런가?' 이렇게 생각한다고 합니다.

　그러면 계획적인가 무계획적인가, 객관적인가 주관적인가를 열심히 따져서 결혼하면 갈등이 없겠습니까? 절대 그렇지 않습니다. 결혼은 옳고 그름으로 하는 것이 아닙니다. 기질이 어떻고 행위가 어떻고 아무리 재고 따져도 그것이 결혼을 결단할 이유는 되지 못합니다. 그렇다면 언제 어떤 것을 보고 결혼을 결단할 수 있을까요?

은주 자매와 기훈 형제는 교회 찬양팀에서 만나 함께 선교단으로 섬기며 4년 동안 교제한 사이입니다. 다섯 살 나이 차이의 연상연하 커플로 주변의 부러움을 받곤 했습니다. 그런데 믿음의 교제를 이어 가던 두 사람에게 혼전 순결을 지키지 못하는 위기가 찾아왔고, 회개의 적용으로 우리들교회에 와서 각자 양육을 받았습니다. 무너진 성전의 성벽을 재건하는 느헤미야 말씀을 들으며 서로를 거룩하게 다시 세우기로 적용하고 공동체에 정착했습니다. 그런데 창세기 말씀에서 하나님께서 바다와 땅을 나누시며 "뭍이 드러나라" 하시는 말씀을 듣고 은주 자매는 어려운 결심을 했습니다. 그 말씀이 숨은 부끄러운 일들을 드러내라는 하나님의 명령으로 받아들여졌기 때문입니다.

　　먼저 청년부 목장에서 지체들과 나눔을 하고 기도를 부탁했습니다. 그리고 가장 가까운 사이임에도 가장 숨기는 게 많았던 기훈 형제에게 모든 것을 이야기하기로 적용했습니다.

　　모태신앙인으로 자라 찬양팀과 선교단에서 활동하며 믿음 좋은 자매로만 보였던 은주 자매에게는 힘든 방황의 시간이 있었습니다. 부모님의 불화로 상처가 많았던 자매는 학창 시절을 방탕하게 보내며 쉽게 음행을 하고 낙태를 세 번이나 했다고 합니다. 그렇게 허무한 시절을 보내던 중 할머니와 아버지의 죽음을 겪으면서 함부로 살아온 시간이 죄책감으로 다가왔고, 다시 하나님의 사랑을 기억하며 교회로 돌아온 것입니다.

4년 동안 교제하면서 자매는 추한 과거를 들키면 안 된다는 생각에 불안과 집착으로 형제를 대했다고 합니다. 그동안 가면을 쓰고 살았노라고 형제에게 자신의 죄와 수치를 고백하면서 은주 자매는 헤어짐까지도 각오하고 있었습니다. 하지만 함께 말씀을 들으면서 같은 믿음의 언어를 쓰고 있었기에 기훈 형제 역시 자기 속에 숨은 부끄러움들을 고백했고, 서로가 진정한 위로와 사랑을 나누는 교제를 할 수 있었습니다. 그렇게 자매와 형제가 각자 회개하고 하나님의 사랑을 경험하면서 이전과는 다른 참 자유를 맛보며 3년의 시간을 보냈습니다. 그리고 교제를 시작한 지 7년 만에 결혼했습니다.

교제 기간이 길다고, 나이가 찼다고 결혼을 결단하는 것이 아닙니다. 서로가 한 믿음으로 같은 언어를 쓰게 될 때 진정한 교제를 나눌 수 있고, 공동체 안에서 검증을 받으며 결혼을 결단하게 되는 것입니다. 각자의 타이밍은 다르겠지만, 말씀으로 인생이 해석되었을 때 결혼도 결단할 수 있는 것입니다.

결혼 과정이 합리적이어야 한다

52 아브라함의 종이 그들의 말을 듣고 땅에 엎드려 여호와께 절하고 53 은금 패물과 의복을 꺼내어 리브가에게 주고 그의 오라버니와 어머니에게도 보물을 주니라_창 24:52~53

아브라함의 종 엘리에셀이 이삭의 배우자로 리브가를 알아보고 예물을 전하는 장면의 말씀입니다. 이때 리브가에게 준 것은 결혼 예물이고 가족에게 준 것은 신부 대금이었습니다. '사랑으로 이뤄져야 할 결혼에 무슨 대금을 지불하는가?'라고 하지 않고 당시의 관습에 따라서 예의를 갖추고 도리를 다한 것입니다. 하나님은 목적을 이루는 것과 함께 그 과정도 중요하게 여기시기 때문입니다.

결혼은 믿음으로 해야 합니다. 그러나 현실적인 결혼 비용과 여건도 준비하는 것이 믿는 사람의 태도입니다. 그래서 결혼을 결단할 때 서로의 재물관이 어떠한지를 보아야 합니다. 결혼은 영적인 것이라고 하면서 "믿음이면 다지 다른 게 뭐가 필요해. 하나님께서 필요를 채워 주실 거야" 하며 다른 사람의 행복을 파괴하면 안 됩니다. 하나님의 뜻이라고 하면서 무례하거나 무질서해서는 안 되는 것입니다. 하나님의 뜻이고 하나님의 일이라면 과정과 방법도 합리적이고 선해야 합니다.

아브라함의 종 엘리에셀은 자기를 위해서는 식사 한 끼도 하지 않았습니다. 그러나 영적 계보를 잇는 이삭과 리브가의 결혼을 위해서는 아낌없이 재물을 내놓았습니다. 재물은 이렇게 쓰려고 모으는 것입니다. 구원의 일을 위해, 영적 후사를 찾기 위해서 알뜰하게 모으고, 인내하며 절제하고, 아낌없이 주는 것이 목표가 되어야 합니다.

드 위트 탈미지(T. DeA witt Talmage) 목사님은 이렇게 말씀하셨습니다. "하나님께 어떤 것을 간구하면서 그저 앉아만 있다면 하나님을 모욕하는 것이다. 우리는 기도하면서 또한 일해야 한다. 경건과 일은 함께 간다. 건강을 위해 기도한 후, 늦은 밤에 소화하기 힘든 만찬을 먹으러 간다면 그 기도는 하나님을 무시하는 것이다. 옥상의 물탱크가 열린 것을 알면서도 내버려 두는 자는 가족의 안전을 위해 기도할 자격이 없다."

내가 할 일을 하면서 기도하고 결단해야 합니다. 결혼 상대가 연상이든 연하이든 상관없습니다. 오직 '하나님 나라'와 '영적 후사'라는 이 목적이 죄로 오염되지 않아야 합니다. 하나님 나라와 영적 후사를 위해서 지혜가 있어야 하고, 부모의 동의를 구해야 하고, 설득시켜야 합니다.

우리들교회에도 결혼 승낙을 받기 위해 자신의 열등감과 수치를 내어놓는 적용으로 부모님을 설득한 형제가 있습니다.

수혁 형제는 오랫동안 군인으로 생활했기에 남성 중심적인 삶을 살았다고 합니다. 여자에 대해 전혀 모르는 뼛속 깊이 투박한 남자였다고 자신을 평가했습니다. 형제는 여자 친구를 만나 결혼하기까지 여러 시행착오와 훈련의 시간이 필요했습니다.

수혁 형제는 믿음의 결혼을 하고 싶었으나 몸에 배인 남성 중심의 행동은 자매들에게 부정적인 이미지를 심어주었고, 군인 특유의 투박한 언어와 저돌적으로 밀어붙이는 행동 때문에 신 교제와는 점점 멀어지는 것 같았습니다.

그러다 지인의 소개로 만난 자매와 석 달을 넘기지 못하고 헤어졌고, "오빠를 만나며 한 번도 즐거운 적이 없었다"는 자매의 문자는 형제에게 엄청난 충격을 안겼습니다. 이를 통해 수혁 형제는 연애할 준비조차 되어 있지 않는 자신의 모습을 보게 되었다고 합니다. 그러면서 자신의 현재 모습을 인정하고 받아들이니 예전과는 다르게 상대방을 생각하고 배려하게 되었습니다.

형제는 유치부에서 함께 섬기던 한 자매와 제주도 아웃리치를 준비하며 점차 가까워졌습니다. 호감이 있어도 시종일관 차갑게 대하는 자매의 태도에 가까이 다가가지 못했는데 아웃리치를 통해 필요한 도움을 주며 거부감이 들지 않는 선에서 다가갔습니다. 예전 같았으면 호감이 드는 순간 멧돼지처럼 돌격하여 상대방을 당혹스럽게 했겠지만 그것이 얼마나 상대에게 상처를 주는 태도인가를 경험했기에 조심스럽게 행동했다고 합니다. 자매는 이러한 형제의 모습을 받아 주며 서로의 상처와 죄에 대해 나누었다고 합니다. 그러던 중 청년부 예배에서 고백하는 자매의 간증을 듣고 형제는 자매와 교제하기로 마음을 굳혔습니다.

제가 생각하는 배우자의 가장 중요한 기준은 '내가 얼마나 예수님과 말씀 앞에서 죄인인 것을 알고 고백하는가'였는데 자매가 손가락이 절단될 뻔하여 피부 이식 수술까지 한 것을 간증 자리에서 듣게 되었습니다. '아, 자신의 죄와 간증의 증거가 몸에 남아 있는 사람이라면 잠깐 교만할지라도 그 상처를 보며 다시 겸손할 수 있겠구나'라는 생각에 신 교제와 신 결혼의 결심을 품었습니다. 그리고 제가 이성을 대하는 것이 서툴기에 최대한 자매를 배려하려고 노력했습니다.

교제를 시작한 지 몇 달 후 결혼 얘기가 오가며 자연스럽게 부모님들께 인사를 하게 되었습니다. 그러나 결혼 승낙이 쉽지 않았습니다. 자매는 공무원 출신 장인어른과 교사이셨던 장모님 아래서 유복하게 자란 반면에, 저희 부모님은 일용직 현장을 나가시고 저는 고등학교 검정고시 출신의 학벌로 작은 회사에 다니고 있습니다. 이렇듯 자라온 환경이 달라 저는 열등감을 훈련 받는 시간을 거쳐야 했습니다. 그러나 그동안 교회에서 양육 받으며 말씀의 예방주사를 잘 맞은 터라 말씀을 의지하며 열등감을 인정하고 진솔한 모습으로 적용하기로 했습니다.

저를 못마땅해하는 자매의 부모님에게 분노하고 반항하기보다는, 결혼이라는 기업을 무르기 위해 때를 잘 분별하고 지혜와 용기를 발휘하며 승낙을 위한 절차를 차근차근 밟아가야 함을 깨달았습니다.

그래서 저를 불안해하는 자매의 부모님을 찾아뵙고 저와 제 집안에 대한 진솔한 나눔을 하였습니다. 나눔을 하며 흘리는 진실한 눈물이 예비 처가의 마음을 조금이나마 열게 하였습니다. 제가 할 수 있는 일에 최선을 다했다는 확신을 가지고,

이제 이 결혼 승낙은 하나님이 마무리하시는 것이라 믿으며 맡겨 드렸습니다. 그리하여 아웃리치를 모두 끝낸 후 곧 양가 상견례를 했고 신 결혼의 결실을 맺게 되었습니다.

이 커플은 말씀대로 지혜롭게 일을 해결했습니다. 이렇듯 하나님의 뜻임을 알았어도 합리적으로 진행해야 합니다. 하나님은 과정을 중요하게 여기시기 때문입니다. 그럴 때 좋은 결실을 맺게 됩니다.

구원을 위해 양보하고 지체하지 말아야 한다

하나님의 뜻을 깨닫기까지 고민하고 갈등해야 하지만, 막상 결정하면 지체하지 말고 순종해야 합니다. 이 중요한 시점에서 지체하면 유혹 받고 시험에 들고 다른 길로 갈 수도 있기 때문입니다.

54 이에 그들 곧 종과 동행자들이 먹고 마시고 유숙하

고 아침에 일어나서 그가 이르되 나를 보내어 내 주인에게로 돌아가게 하소서 55 리브가의 오라버니와 그의 어머니가 이르되 이 아이로 하여금 며칠 또는 열흘을 우리와 함께 머물게 하라 그 후에 그가 갈 것이니라 56 그 사람이 그들에게 이르되 나를 만류하지 마소서 여호와께서 내게 형통한 길을 주셨으니 나를 보내어 내 주인에게로 돌아가게 하소서 57 그들이 이르되 우리가 소녀를 불러 그에게 물으리라 하고 58 리브가를 불러 그에게 이르되 네가 이 사람과 함께 가려느냐 그가 대답하되 가겠나이다 59 그들이 그 누이 리브가와 그의 유모와 아브라함의 종과 그 동행자들을 보내며 60 리브가에게 축복하여 이르되 우리 누이여 너는 천만인의 어머니가 될지어다 네 씨로 그 원수의 성 문을 얻게 할지어다 61 리브가가 일어나 여자 종들과 함께 낙타를 타고 그 사람을 따라가니 그 종이 리브가를 데리고 가니라_창 24:54~61

아브라함의 종이 이삭의 신붓감을 찾으러 가나안에

서 하란으로 왔는데, 그 당시 거리와 이동 경로로 볼 때 엘리에셀이 출발해서 도착하기까지를 약 삼십 일 정도로 봅니다. 그런데 삼십 일 걸려서 온 여행을 하루 만에 허락 받고 다시 삼십 일을 걸려서 돌아가겠다고 합니다. 고되고 힘든 길이지만 조금도 지체할 수가 없는 것입니다. 영적 후사를 찾았으니 이제 하루가 급한 상황입니다.

엘리에셀은 참으로 사명에 투철한 종이었습니다. 자기가 온 까닭을 진술하기 전에는 먹지도 않겠다고 하더니, 응답 받고 나서는 지체하지 않고 떠난다고 합니다. 결혼도, 직업도, 우리의 모든 인생도 사명입니다. 결혼도 상대가 무계획적이냐 계획적이냐, 주관적이냐 객관적이냐 이런 것을 따지는 것이 아닙니다. 돈이 있는지 성격이 좋은지 부지런한지 등등 이런 것으로 결단하는 게 아닙니다.

결국 선택은 본인의 몫이기 때문에 어머니와 오빠가 리브가에게 선택권을 줍니다. 그리고 리브가는 결단을 하고 "가겠나이다" 대답합니다. 생면부지의 종과 함께 삼십 일 걸리는 길을 간다는 것은 어려운 결단입니다. 죽을지도 모르는 길입니다. 그러나 종의 헌신과 수고를 통해 리브가도 영적 후사를 위한 한마음이 돼 있었습니다. 그래서 지체하지 않고 "가겠나이다" 대답하며, 다른 사람이 아닌 리브가 본인의 결단으로 아브라함의 종을 좇아 이삭의 신부가 된 것입니다.

결혼을 준비하면서 망설이는 이유가 주로 예물, 돈 문제일 때가 많습니다. 예단 때문에 주례 때문에 날짜 때문에 아무것도 아닌 일로 '우리 집을 무시했네 어쨌네' 하면서 결혼을 깨기도 합니다. 그래서 사소한 것부터 말씀대로 적용하면서 결혼을 준비해야 합니다. '상대방이 뭘 더 해줄까' 하면서 기대하는 것도 어리석은 일이고, 반대로 우리 집이 부자라고 무조건 우리가 다 알아서 한다고 하는 것도 잘못된 일입니다. 상대방이 부담스럽거나 자존심을 다치지 않도록 배려하면서 균형을 맞춰야 합니다. 구원과 상관없는 일, 예배와 관계없는 일이라면 다 양보하는 것이 좋습니다.

아브라함의 종 엘리에셀은 리브가의 오빠 라반이 돈을 좋아하는 것을 알고 아낌없이 내주었습니다. 그리고 라반도 열흘의 시간을 양보하고 즉시 보내겠다고 합니다. 이렇듯 서로 합리적이어야 합니다. 당시의 관습을 따라야 하고, 서로의 눈높이로 내려가야 합니다. 여기에서 중요한 것은 영적 후사인 리브가입니다. 리브가만 잘 데리고 오면 되는 것입니다. 영적 후사를 위한 일이라면, 구원이 이루어진다면 어떤 것도 다 양보하겠다고 적용해야 합니다.

결혼을 결단하려면 이 일이 여호와께로 말미암은 것인지, 여호와의 명령인지를 생각해 보아야 합니다. 조건보다 어떤 사람인가가 문제이지만 더 중요한 것은 '하나님의 뜻인가 아닌가'입니다. 믿음으로 한다면서 절차를 무시하고 합리화하면 안 됩니다. 진리를 담아내는 그릇이 완고해서 오히려 진리를 그르치는 경우가 너무 많이 있습니다. 어떤 경우도 무례하면 안 되고 상대방의 눈높이로 내려가야 합니다. 그리고 심사숙고해서 결단을 했다면 지체하지 말고 진행하는 것이 중요합니다. 열흘의 편안함, 열흘의 즐거움을 구하다가 일을 그르칠 수도 있습니다. 낯선 사람, 낯선 곳이라도 지체하지 않고 길을 떠나는 리브가처럼 영적 후사를 위한 일에는 두려움 없는 결단과 순종이 필요합니다.

　결혼의 목적은 행복이 아닙니다. 하나님께서 우리를 종 되었던 애굽 땅에서 구원해 내신 목적은 '나는 너의 하나님이 되고 너는 나의 백성이 되리라'는 것을 알게 하기 위해서입니다. 구원의 목적이 하나님이 우리의 하나님 되시기 위함이라면 우리의 인생 목적 역시 하나님이 우리의 하나님 되시기 위한 것입니다. 그렇다면 구별된 거룩한 인생을 살아야 합니다. 인생의 목적이 그렇다면 결혼의 목적도 거룩이지 행복이 아닙니다. 그러나 거룩을 목적으로 놓으면 행복은 부산물로 따라오게 되어 있습니다.

기도로 완결되는 결혼

　아브라함이 이삭의 신부를 찾아 종을 보낸 것은 그저 참한 색시 한 사람을 구하려는 뜻이 아닙니다. 아브라함은 영적 후사 이삭에게 하나님이 예비하신 신부를 구해 주기 위해서 오래 기도했을 것입니다. 엘리에셀도 주인의 명대로 약속의 배우자를 구하러 간 것이기 때문에 계속 기도했을 것입니다. 그러면 결혼 당사자인 이삭은 어떤 기도를 했을까요?

> 이삭이 저물 때에 들에 나가 묵상하다가 눈을 들어 보
> 매 낙타들이 오는지라_창 24:63

이삭은 들에 나가 묵상을 했습니다. 이삭이 말씀을 묵상하며 큐티를 한 것입니다.

세상에서도 명상을 많이 합니다. 무소유, 비움의 영성이라고 하면서 가부좌를 틀고 앉아서 명상을 합니다. 어떤 사람은 명상이 곧 묵상이고 묵상이 곧 명상이라고 생각합니다. 굳이 비교하자면 명상은 나를 비움으로 내가 삶의 주인이 되는 것이고, 하나님의 말씀을 묵상하는 것은 나를 비우고 하나님이 내 삶의 주인이 되시도록 채우는 것입니다.

이삭도 이렇게 묵상했을 것입니다. "하나님께서 제 삶의 주인이 되어 주시옵소서. 어머니 사라의 인생을 보니, 어머니도 실수가 많았지만 하나님의 은혜로 여러 민

족의 어머니가 되었습니다. 저도 실수가 많지만 하나님의 은혜를 입어 제 삶의 주인이 제가 아니라 하나님이 되시길 원합니다." 그는 갈급함으로 기도하며 기다렸을 것입니다. 아브라함의 기도로 시작해서 종의 기도로 진행된 이 혼사는 이삭의 기도로 완결됩니다.

이삭은 혼자 있으면서 하나님과 친밀하게 교제하는 법을 배웠습니다. 그렇기에 혼자 기도했는데도 좋은 배필을 허락하십니다. 이처럼 혼자 자기 시간을 잘 보내는 사람이 상대방을 피곤하지 않게 하고 편안하게 해 줍니다. 혼자서 잘 살 수 있는 능력을 가진 사람이라야 참 결혼을 할 수 있습니다.

결혼의 목적도 거룩이지 행복이 아닙니다.
그러나 거룩을 목적으로 놓으면
행복은 부산물로 따라오게 되어 있습니다.

내 마음 들여다보기

Q. 나이와 상황에 쫓겨서 결혼의 필요를 느낍니까? 결혼을 해도, 하지 않아도 하나님께서 맡기신 사명을 이루며 가는 인생인 것을 믿습니까?

....

....

....

....

....

Q. 결혼을 위해 어떤 준비를 하고 있습니까? 믿음만 있으면 된다고 마땅히 갖춰야 할 직업과 건강, 현실적 여건을 소홀히 합니까? 상대방과 그 가정의 문화를 존중하며 배려하고 절차를 지킵니까?

....

....

....

....

Q. 결혼의 모든 과정에서 어떤 기도를 드리고 어떤 말씀을 묵상했습니까? 나의 기도와 묵상이 앞으로 부부 관계와 결혼 생활을 굳게 붙들어 주는 영적 재산인 것을 믿습니까?

....

....

....

....

....

....

....

....

....

....

....

....

....

....

....

김양재 목사의

솔직한 주례사

이혼율 0퍼센트 주례

10년 넘게 매주 주례를 해 왔습니다. 그런데 우리들교회 청년부 출신 중에 아직까지 이혼한 커플이 하나도 없습니다. 2013년 통계청 자료를 보면 그해 결혼한 32만 쌍 중에 11만 5천 3백 쌍, 즉 3분의 1이 이혼을 했다고 합니다. 기독교인도 예외가 아니지요.

그런데 우리들교회 청년들이 믿음이 좋아서 이혼을 안 했다기보다는 예배와 큐티를 통해 결혼생활을 인도 받고, 부부 목장에서 각자 자기 죄를 회개하면서 살기 때문에 결혼을 지켜 나간다고 생각합니다. 부부 사이에 화가 나는 일이 있어도 부부 목장에 가면 결혼한 선배들이 더 열렬히 싸우기 때문에 신참 부부들의 불평이 쏙 들어갑니다. 싸워도 공동체 안에서 건강하게 싸우니까 한 커플도 이혼을 안 한 것입니다.

너무 다른 남과 여

남자와 여자는 구조가 다릅니다. 우선 남자와 여자는 재료가 다릅니다. 남자는 흙으로 만들어졌고 여자는 뼈로 만들어졌습니다. 흙은 흔들면 금세 먼지와 티끌이 되고, 훅 불면 날아갑니다. 반면에 뼈는 비바람이 불어도 흔들리지 않고 깨어지지 않습니다. 그리고 물속에 들어가도 변하지 않습니다. 그래서 여자는 뼈 중의 뼈 '본차이나'입니다.

남자와 여자는 목욕탕에 들어갈 때도 완전히 다른 반응을 보입니다. 남자는 대부분 "앗 뜨거!" 하고 금세 뛰쳐나옵니다. 흙이기 때문입니다. 반면에 여자는 뜨거운 탕 안에 오랫동안 있어도 "시원하다"라고 말합니다. 본질이 다르기에 남자와 여자는 섞일 수가 없는 구조입니다. 창세기 3장에 보면 뱀이 선악과로 여자를 유혹하는 장면이 나옵니다. 짐승은 흙으로 지어져 남자와 재료가 같습니다. 뱀은 짐승인 주제에 남자하고는 말도 안 섞습니다. 지혜롭기는 뱀과 여자가 짝이 맞습니다. 뱀과 레벨

이 맞는 것은 본차이나인 여자였습니다. 뱀이 말을 알아듣는 여자에게 먼저 선악과를 먹으라고 한 것은 흙은 말을 잘 알아듣지 못하기 때문입니다.

정말로 남자는 말을 잘 못 알아듣습니다. 집회를 가 보면 남자들은 제 말을 못 알아들어서 아무도 안 웃습니다. 짐승이라고 하면 기분만 나빠합니다. 아내가 집에 가서 설명해 주면 그때 웃습니다. 여자들만 깔깔거리며 웃지 남자들은 심각해서 말을 안 합니다.

뱀이 떠난 후에 여자가 남자에게 "여보, 여보, 이걸 먹으면 눈이 밝아져서 하나님같이 된대요" 하고 말했습니다. 원래 여자가 남자보다 야망이 더 많습니다. 그러면 옆에서 어벙하게 있다가 "알았어" 하고 먹는 것이 남자입니다. 선악과를 먹은 후부터 인간에게 옳고 그름이 생겼습니다. 여자 때문에 죄가 들어왔고 하나님이 남자와 여자에게 원죄의 형벌을 주셨습니다.

16 또 여자에게 이르시되 내가 네게 임신하는
고통을 크게 더하리니 네가 수고하고 자식을
낳을 것이며 너는 남편을 원하고 남편은 너를
다스릴 것이니라 하시고 17 아담에게 이르시되
네가 네 아내의 말을 듣고 내가 네게 먹지 말라
한 나무의 열매를 먹었은즉 땅은 너로 말미암
아 저주를 받고 너는 네 평생에 수고하여야 그
소산을 먹으리라_창 3:16~17

한마디로 말하자면, 아내는 흙먼지 같은 남편에게 순복
하라는 것입니다. 본차이나가 먼지를 이고 지고 살라는
것입니다. 그리고 남편은 땀을 흘려야 소산을 먹을 수
있다고 합니다. 그러나 하나님이 주신 벌을 잘 받으면
우리 가정에 예수님이 오시는 축복을 주십니다.

복종의 언어와 사랑의 언어

복종의 언어와 사랑의 언어는 골로새서 말씀으로 정리
됩니다.

> 18 아내들아 남편에게 복종하라 이는 주 안에
> 서 마땅하니라 19 남편들아 아내를 사랑하며
> 괴롭게 하지 말라_골 3:18~19

부부 관계에서는 복종과 사랑, 이 두 가지밖에 없습니
다. 간단하지만 엄중한 명령입니다. 아내는 남편에게 복
종하라고 합니다. 복종은 군사적인 용어입니다. 아내가
남편에게 복종의 언어를 쓰지 않으면 남편은 사랑을 느
끼지 못합니다. 아내의 백 가지 행동 중에 아흔아홉 가
지는 모두 쓰레기로 바뀌게 됩니다. 아내가 남편에게 복
종하는 것은 해도 되고 안 해도 되는 문제가 아니라 안
하면 죽는 것입니다. 아내가 복종의 언어를 사용하기 위
해서는 늘 깨어 있어야 합니다.

그런데 어떻게 본차이나가 흙먼지에게 복종하겠습니까?

인간의 힘으로는 안 됩니다. 남자에게 돈과 명예가 있기에 여자가 남자에게 복종하는 것입니다. 돈 떨어지고 명예가 사라지면 여자는 남자에게 복종하지 않습니다. 그걸 모르고 남자와 여자 모두 착각하는 것입니다. 인간은 사랑을 할 수도, 만들 수도, 지을 수도 없는 존재입니다.

정욕, 탐식, 나태가 교만, 시기, 분노를 만나다

하나님은 남편에게 아내를 사랑하라고 명하십니다. 결혼하기 전까지 남자는 여자를 사랑하지만 결혼한 다음에는 여자를 괴롭게 하는 것이 남자들의 전공입니다. 남편과 아내에게 내리신 벌은 각각 다릅니다. 남편에게는 땀 흘려 수고하는 일을, 아내에게는 남편에게 복종하고 자녀를 낳는 고통을 벌로 주셨습니다.

죄의 양상이 남녀가 서로 다릅니다. 남자가 저지르는 죄의 1, 2, 3위는 각각 '정욕, 탐식, 나태'라고 합니다. 여자는 '교만, 시기, 분노'입니다. 남자는 맨 먼저 정욕의 죄를 짓고 그다음으로는 먹는 것밖에 모르는 죄를 짓습니다. 먹었으면 자야 하겠죠? 나태합니다. 남자들이 큐티

나눔을 할 때 고백하는 죄들이 모두 이 세 가지로 압축됩니다.

남자들의 정욕은 이를테면 가는 여자, 오는 여자 가리지 않고 눈길을 주는 겁니다. 그러니 아내들은 다른 여자에게 시선을 빼앗기는 남편을 속물이라 욕하면 안 됩니다. 남자들은 다른 여자에게 눈이 전자동으로 향하게 되어 있습니다. 이때 남자를 욕하기보다는 "당신은 참 건강하군요"라고 해야 합니다. 다른 여자에게 눈길을 안 주는 남자에게는 "병원에 가 봐야 되겠어요"라고 말해 주십시오. 그러나 정욕적인 것이 남자의 본능이라고 하더라도 남편들은 정욕을 절제할 수 있어야 합니다. 혹시 누군가가 "우리 남편은 다른 여자는 쳐다보지도 않아!"라고 하면 정말 이상한 겁니다. 다른 여자에게 눈이 안 가는 남자라고 하더라도 나만 사랑하는 것은 아닙니다.

여자는 교양이 있어서 영적입니다. 남자는 흙먼지인데도 남편 흙먼지가 품질이 좋으면 아내가 참 교만해집니다. 반면에 남편의 품질이 좀 떨어지면 아내는 열등감에 시달리며 시기와 분노가 하늘을 찌릅니다.

남자들의 정욕과 탐식, 나태가 여자들의 교만과 시기, 분노를 만나는 것이 결혼입니다. 여자들의 교만, 시기, 분노와 남자들의 정욕, 탐식, 나태 중에서 어떤 것이 더 무서운 죄일까요? 정욕은 교만에게 명함도 들이밀지 못합니다. "교만은 패망의 선봉이요 거만한 마음은 넘어짐의 앞잡이니라"(잠 16:18)라고 성경은 이야기합니다. 그래서 집집마다 여자가 잘 들어와야 합니다. 앞에서 남녀의 구조는 다르다고 했습니다. 남자는 흙이기 때문에 바람을 피워도 잘 돌아옵니다. 그러니 그런 남편 때문에 전전긍긍하지 말기 바랍니다. 그것은 본차이나가 티끌로 내려가는 것이나 다름없습니다.

해석을 잘 해야 한다

여자는 남자에게 복종하라고 하니 기분이 나쁩니다. 해석을 잘 해야 합니다. 우리는 모두 예수 그리스도의 신부로서 타인에게 복종해야 합니다. 여자는 남자의 인격에 순종하는 것이 아니라 역할에 순종해야 한다는 말입니다.

결혼하는 그날부터 아내는 남편이 돈을 벌든 안 벌든, 성격이 포악하든 아니든, 마약을 하든 안 하든, 바람을 피우든 안 피우든 아내의 역할에 순종해야 합니다. 성경은 우리에게 순종을 명령합니다. 좋은 남편, 나쁜 남편은 없고 복종해야 할 남편이 있을 뿐입니다.

때때로 우리는 배우자에게 "네가 나를 속였다"고 소리칩니다. 그러나 여러분, 속지 않으면 결혼이 됩니까? 외모에 속고, 학벌에 속고, 영원히 행복할 거라는 착각에 속습니다. 인간은 모두 악합니다. 선한 것이 하나도 없습니다. 다 속고 속이며 삽니다. 속였다는 이유로 이혼을 하십니까?

여자는 돈 없고, 학벌이 없어도 전혀 깨지는 법이 없습니다. 그런 본차이나인 여자도 깨지는 때가 있는데 그것은 바로 남편과 자녀 문제가 있을 때입니다. 아내는 남편과 자녀에게서 한계를 느끼고 고난을 당합니다. 여자는 아무리 똑똑하고 잘났어도 남편을 사모하는 일을 벌로 주셨기 때문에 남편 때문에 깨집니다. 믿음이 없으면 원죄의 형벌을 온전히 받아 내야 하는 것이 여자입니다. 남자는 땀 흘려 수고하는 것을 벌로 주셨습니다. 그래서 스스로 바람을 피우거나 아내와 자녀들이 문제를 일으킬 때에도 안 깨집니다. 하는 일 없는 백수가 될 때에야 비로소 깨집니다.

남녀의 구조는 이렇게 다릅니다. 특히 생각하는 구조가 다릅니다. 남녀의 구조를 알면 깨어 있을 수 있습니다. 인간적인 인내는 오래 못 갑니다. 골로새서 말씀에서 아내가 남편에게 복종하는 것은 주 안에서 마땅한 일이라고 했습니다. 십자가 없는 막연한 참음은 구원을 위한 인내가 아니기 때문에 오히려 병이 됩니다. 말씀이 내게 들어 오지 않으면 내가 왜 복종해야 하는지 알 수 없습니다.

아내는 남편이 자기만 쳐다보기를 원하지만 남자는 절대 그럴 수 없습니다. 복종의 언어를 모르는 여자의 모든 행동은 쓰레기통에 처박히게 됩니다. 마찬가지로 사랑의 언어를 모르는 남자의 모든 행동은 쓸데없습니다. 남자는 사랑해야 하고 여자는 복종해야 합니다. 간단하고 단순합니다.

2011년에 영국의 윌리엄 왕자와 케이트 미들턴의 결혼식이 치러졌습니다. 그녀는 세계적인 채플에서 값비싼 드레스를 입고 대주교를 모신 후 성대한 예배로 결혼식을 올렸습니다. 평민인 신부가 로열패밀리가 되었습니다. 그런데 이 신부는 결혼식의 주례사 중에서 "남편을 사랑하고 위로하고 기대하고"에는 동의하지만, "복종하고"에는 동의할 수 없다고 했습니다. 마음씨 좋은 대주교는 그 항목을 빼 주었습니다. 1981년 다이애나 왕비의 결혼식 때도 마찬가지였습니다. 남녀는 동등하므로 아내가 남편에게 복종하는 것에는 동의할 수 없다고 했습니다. 그러나 우리는 다이애나 왕비의 삶을 잘 알고 있습니다. 그 삶이 아무리 화려했어도 그녀가 얼마나 비참한 삶을 살았습니까. 하나님 자녀 된 신분이 진정한 로열패밀리라고 할 수 있습니다.

가장 어려운 프로젝트, 결혼

아이러니하게도 남편과 아내가 힘들어지면 말씀이 들립니다. 먼 이야기가 아닙니다. 저 역시 가난하고 밤잠 못 자면서 공부하던 시절이 있었습니다. 그런데 찌들게 가난해도 좀처럼 들리지 않던 말씀이 남편과 자녀가 힘들게 하니까 들리기 시작했습니다. 말씀이 들리는 구조를 그때 알게 되었습니다.

남편이 속을 썩여 주는 것이 예수를 믿게 되는 최고의 환경입니다. 자녀가 말썽을 피우면 금상첨화입니다. 남자가 백수가 되고 은퇴하면 "어머 당신, 이제 말씀이 들리겠군요"라고 격려해 주십시오. 남편이 어차피 백수가 되었는데 아내까지 바가지를 긁으면 되겠습니까? 원리를 하나도 모르니까 결혼도 이혼도 내 맘대로 하는 것입니다. 결혼에도 가치관의 변화, 발상의 전환이 일어나야 합니다.

결혼의 목적은 행복이 아니라 거룩입니다. 『5가지 사랑의 언어』를 쓴 작가인 게리 채프먼(Gary chapman)은 거룩을 목적으로 두면 행복은 따라온다고 했습니다. 결혼은 조건으로 하는 것이 아닙니다. 하나님은 내가 남편에게 복종하지 못하고 아내를 사랑하지 못하기 때문에 고난을 주십니다. 고난 후에야 '이제 말씀이 들린다'는 고백이 나옵니다. 하나님이 짝지어 주신 것을 사람이 나누지 못한다고 했습니다. 생살의 반을 잘라 내고 반을 채워 넣는 것이 얼마나 아프고 힘든 과정이겠습니까. 결혼이야말로 가장 어려운 프로젝트입니다.

오늘날 가정의 위기는 돈이 없는 것도 아니고 직장이 없는 것도 아니고 자녀가 없는 것도 아닙니다. 하나님을 주인으로 모시지 않는 것이 가장 큰 위기입니다. 하나님을 믿는 믿음과 하나님의 말씀을 중심으로 놓는 가정은 어떤 일이 와도 망하지 않습니다. 사람은 사랑을 할 수도, 지을 수도, 만들 수도 없지만 믿음이 사랑을 가능하게 합니다.

오직 예수, 오직 믿음으로 굳게 연합해서 복종과 사랑의 언어로 서로를 섬기는 아름다운 가정이 되기를 예수님의 이름으로 축원합니다.

결혼은 디자인,
가꿀수록 달라진다

"몇 명 정도 올 것 같아요?"

아들의 결혼식을 앞두고 제가 제일 많이 했던 질문입니다. 그런데 그 누구도 속 시원한 대답을 해 주지 않았습니다.

"그래도 3,000명은 되지 않을까요?"

"성도가 다 오는 건 아닐까요?"

하객 수에 맞춰 식사 준비를 해야 하는데 대체 몇 명이나 올지 종잡을 수 없었습니다.

담임목사의 아들이어서가 아니라, 제가 늘 설교에서 아들의 간증을 해 왔기 때문에 많은 분들이 와서 축하해 줄 것 같았습니다. 그러다 보니 제일 많이 고민한 일이 '어떻게 하객들 밥을 다 먹일까' 하는 문제였습니다. 밥값 때문이라도 축의금을 받아야 하나 받지 말아야 하나 머리에 쥐가 나도록 생각했습니다. 그렇게 마지막까지 고민을 하다가 '밥이 좀 부족하더라도 교회 식구들 누구나 올 수 있게 축의금은 받지 말자'고 결정했습니다. 식당이 허용하는 만큼만 먹이고, 환난당하고 빚지고 원통한 우리들교회 교인들에게 부담은 안 주겠다는 생각에 축의금이나 화환은

정중히 사양하노라고 광고했습니다.

그런데 저의 적용이 무색하게시리 하객들의 수는 걱정할 만큼 많지 않았습니다. 저는 성도들이 부담 없이 참석하라고 축의금을 안 받은 것인데, 나중에 들어 보니 축의금을 안 받는다고 해서 미안해서 못 오신 분들도 있다고 합니다. 나름 결혼 문화의 본을 보이겠다고 고민하면서 내린 결정이었지만 조금이라도 나의 의로움을 드러내고 싶었던 것은 아닌지 돌아보게 되었습니다. 결혼이 하나님의 신령한 복인 것을 보이고 축제 같은 결혼식을 치르고 싶었는데, 정말 결혼의 모든 적용이 쉽지 않은 일이라는 것을 새삼 깨달았습니다.

하나님의 은혜가 필요하다

그렇게 결혼한 아들 부부가 신혼여행에서 돌아왔을 때 일입니다.

"신혼여행은 재미있었니?"

제가 반가운 얼굴로 물었는데 선뜻 대답이 돌아오지 않았습니다. 그러다 서로 눈을 찡긋 맞추더니 이렇게 말하는 게 아닙니까?

"하나님의 은혜로요!"

이 말이 무슨 뜻입니까? 너무 거룩했던 신혼여행이어서 이런 대답을 한 것이 아니라 하나님의 은혜로 겨우 신혼여행을 다녀왔다는 말입니다. 여행지에서 줄곧 티격태격했다는 것이죠. 그렇게 기도하고 말씀으로 인도함을 받고 가도 결혼생활에는 하나님의 은혜가 필요합니다.

모두가 '내가 이 집안을 전도하고 이 배우자를 변화시키겠다'는 마음으로 당차게 결혼했을 것입니다. 그런데 살아 보면 어떤가요? 믿음으로 한 결혼이라고 해도 배우자의 무능력과 배반, 온갖 갈등과 상처들로 처음 결혼할 때의 소망 같은 건 멀리 가 버리고 맙니다. 집안마다 부부마다 각자 숨이 쉬어지지 않는 환경에서 결혼의 위기를 겪고 있습니다. 이 모든 상황에는 하나님이 누구신가를 아는 것밖에는 해결책이 없습니다. 내 인생의 주인이 하나님이시고, 나도 배우자도 하나님께서 지으신 피조물이란 것을 인식할 때 기막힌 현실이 해석되고 살길을 찾을 수 있습니다. 하나님이 누구이신지를 알고 하나님의 말씀을 들으면 삶이 해석되고 문제가 해결되는 것입니다.

결혼은 나에게 익숙하고 편안한 모든 것에서 떠나는 것입니다. 부모를 떠나고 집을 떠나고 나의 이기심과 안일함, 고집과 쾌락 등 모든 것에서 떠나야 합니다.

아들과 며느리도 주께서 정하신 만남으로 적용하고 자신 있게 결혼했지만 당장 결혼생활 첫날부터 아쉬운 일들이 생겼습니다. 며느리 입장에서는 아침마다 깨워 줄 사람이 없고 과일을 챙겨 주시던 엄마가 없으니 불편하고 서운했습니다. 결혼 전에는 아들이 먼 거리도 달려와서 회사까지 데려다주더니 결혼하고 나서 데려다달라고 하니까 어림도 없더라고 합니다. 이미 제가 "결혼 전이 최고로 잘해 주는 것이니까 결혼 후에는 기대하지 말라"고 말해 두었는데, 결혼 첫날부터 그 말이 맞다는 걸 알았다고 합니다.

믿음의 결혼은 사명을 향해서 가는 것이기에 대단히 거룩할 것 같지만, 사실 우리가 이렇게 사소한 데서 못 떠납니다. 아침마다 깨워 주는 엄마, 과일 싸 주던 엄마에게서 떠나기가 어려운 것입니다. 그러니 결혼의 길은 내가 잘나서 가는 것이 아니라 은혜로 가는 길입니다.

결혼생활은 광야의 시작이다

교회에서 양육을 받고 제 주례로 결혼을 해도 이혼을 생각하게 되는 때가 있습니다. 사실 그 누구라고 결혼생활이 힘들지 않겠습니까. 그런데 제가 거의 매주 예배 때마다 "지난 10년 동안 내 주례로 결혼한 청년들 중에 이혼한 커플이 하나도 없다!"고 외치니 위기를 겪는 부부들이 '목사님 주례 이혼 1호 커플'이라는 불명예를 얻지 않기 위해 고군분투하고 있는 것 같습니다.

우리들교회 최 집사 부부도 공동체의 중보와 말씀 적용으로 이혼의 위기에서 벗어난 사례입니다.

둘 다 믿지 않는 집안에서 자라면서 비슷한 환경과 고난을 겪었기에 서로 통하고 이해할 수 있을 것이라 생각했습니다. 무엇보다 둘 다 우리들교회 청년부에서 양육 받고 목자 직분까지 맡고 있어서 믿음도 검증되었다고 생각했습니다. 담임목사님의 주례 가운데 공동체 지체들의 축복을 받으며 신 결혼의 모범 사례로 살 줄 알았습니다.

하지만 결혼 3개월 만에 기대는 무참히 깨졌습니다. 아내는 과거 관계의 상처로 인해 저에게 끊임없이 사랑을 확인하며 집착했습니다. 저는 소통이 안 되고 관계가 어려운 사람이기에 그런 아내를 부담스러워하며 회피했습니다. 아내는 그런 저를 정죄하며 무시했고 저는 비난 받고 멸시당한다는 생각에 분노하고 혈기를 부렸습니다. 사랑의 언어도 복종의 언어도 없이 이틀에 한 번씩 밤이 새도록 치열히 싸웠습니다. 심지어 경찰이 출동한 적도 있었습니다. 아내는 저에게 이혼을 요구하며 집을 나갔습니다. 저도 아내에게 증오밖에 남지 않은 상태였지만, "이혼은 안 된다"는 말씀 때문에 공동체 처방에 따르겠다고 하고 공동체에 SOS를 쳤습니다.

우리 부부는 부부 목장에서 서로에게 큰소리로 욕을 하고 싸우면서 목자님과 목원들을 긴장시켰습니다. 누가 봐도 당장 이혼할 수밖에 없겠다고 생각할 정도로 심각한 상태였지만 그래도 둘 다 목장예배에 나가는 것이 습관이 되어서 싸우더라도 목장예배에는 참석했습니다. 그렇게 끝나지 않을 것 같은 시간을 보내다 보니 신기하게도 점점 싸우는 주기가 길어지고 싸움의 강도도 줄어들었습니다. 공동체에서 말씀으로 해석해 주고 기도와 처방을 해 주니 점점 내 죄가 보이기 시작했습니다. 제가 공감이 안 되고 병적인 분노가 있다는 사실을 인정하게 되었고, 아내는 열등감과 교만함으로 관계가 건강하지 못함을 인정했습니다. 그렇게 자기 죄를 보게 되니 서로를 이해하는 마음이 생기면서 사과하고 사랑의 언어와 복종의 언어를 차츰 쓸 수 있게 되었습니다.

예전 모습을 보셨던 집사님들이 요즘 저희의 모습을 보면 깜짝 놀라시곤 합니다. 또한 저희 부부의 위기를 계기로 믿지 않으시던 양가 부모님이 예배를 드리기 시작하셨습니다. 정말 이 모든 일이 저희 가정의 죄의 사슬을 끊고 믿음의 가정으로 세워 주시려는 구원의 과정임이 인정되고 감사합니다. 아직 믿지 않는 가족이 있고 환경에 쉽게 흔들리는 연약한 저희입니다. 그러나 하나님이 우리 가정을 인도해 가심을 믿고, 여전한 방식으로 말씀을 묵상하며 공동체에서 나누고 구원을 위해 약재료로 쓰이는 인생을 살겠습니다.

어떤 이야기라도 할 수 있는 부부 목장이 위기의 부부들에게 큰 버팀목이 되어 주고 있습니다. 싸우더라도 부부 목장에서 싸우는 것입니다. 그래서 부부 목장 덕분에 이혼의 위기를 넘기고 회복되었다는 은혜로운 간증을 듣게 됩니다.

결혼은 3주일은 뭔지 모르고 살고, 3개월은 재미로 살고, 3년은 상대방을 연구하면서 살고, 30년은 책임감으로 사는 것이라고 합니다. 믿음으로 결혼을 해도 결혼생활은 힘든 광야 길입니다. 주님이 우리의 신랑 되어 주시기 위해 십자가에서 먼저 죽어 주셨듯이, 결혼도 우리의 죽어짐 없이는 부활은 없습니다. 그래서 가장 참된 결혼은 한마디로 '죽어짐'입니다.

하나님은 어떤 환경, 어떤 상황에서도 하나님만을 섬기게 하기 위해서 우리의 환경을 세팅하십니다. 그래서 배우자를 너무 우러러보지도 말고 너무 비하하지도 말아야 합니다. 잘나도 못나도 하나님만 찾으면 그 인생이 최고의 인생입니다.

어느 영화 대사에서 '사랑은 뜨거운 열정이 지나간 후에 남은 것'이라고 했는데, 벌거벗은 서로의 실체를 보고 부대끼면서 살아가는 사랑이 진정한 축복입니다. 진정한 관계가 되면 벌거벗어도 부끄러워하지 않게 됩니다. 가난하고 병든 것이 부끄러운 것이 아니라 우리의 죄성이 부끄러운 것입니다.

현실을 인정하고 내가 아픈 것을 인정하는 것이 복음의 시작입니다. 부부 목장에서 억지로라도 오픈하고 나면 싸우더라도 나중에 부부 관계가 얼마나 가깝고 친밀해지는지 모릅니다. 갑옷을 입고 투구를 쓴 상태로 침상에 눕는 사람은 없습니다. 그런 사람에게는 아파서 가까이 다가가지도 못합니다. 벌거벗고 만나는, 인격의 가면을 벗고 만나는 돕는 배필들이 되어야 합니다. 서로가 돕는 배필이 될 때 어떠한 약점도 견디고 감싸 안아 주면서 수많은 사람을 예수 그리스도께로 인도하는 참 부부가 되는 것입니다.

고난을 그치지 않는 복으로 주셨다

연약한 이삭이 아버지 아브라함의 위대한 믿음으로 믿음의 배우자 리브가와 신 결혼을 했습니다. 아브라함이 100세에 낳은 이삭인데 며느리를 보기까지 40년이 걸렸습니다. 그나마 사라는 생전에 며느리도 못 보고 죽었습니다. 그래서 신 결혼은 눈물의 기도의 결정판이고 인내의 결정판입니다.

아브라함이 아무리 원해도 잘난 아들 이스마엘은 신 결혼을 못 했습니다. 후처 그두라의 자손 역시 못 했습니다. 아브라함 집안에 아들이 여덟인데 오직 이삭 한 명만 신 결혼을 했습니다. 신 결혼을 하는 한 사람 때문에 우리 집안이 복을 받는 것입니다. 영적 후사와 직결되기에, 결혼의 목적이 땅과 후사이기 때문에 믿음의 배우자가 얼마나 중요한지 모릅니다.

그런데 이삭이 은혜롭게 신 결혼을 했는데 20년 이상 후손을 못 낳고 있습니다.

이삭이 그의 아내가 임신하지 못하므로 그를 위하여
여호와께 간구하매 여호와께서 그의 간구를 들으셨으
므로 그의 아내 리브가가 임신하였더니_창 25:21

믿음만 있으면 뭐든 될 것 같아 결혼했는데 20년이나
아이가 없습니다. 그런데 더 기가 막힌 것은 아버지를 떠
난, 예수님을 떠난 불신의 상징 이스마엘이 밖에서 열두
아들을 낳고 있는 것입니다(창 25:12~16).

아버지 아브라함 역시 이삭을 낳기까지 25년 걸렸습
니다. 25년 과정에서 믿음의 사연이 참으로 많고 길었습
니다. 첩인 하갈을 통해 이스마엘도 낳고, 아내 사라를 누
이라 거짓말하기도 했습니다. 그런데 이삭은 아브라함과
다르게 첩을 들이지 않고 오직 리브가와만 살았습니다. 이
삭이 아버지 아브라함을 보고 배운 것이 있습니다. 모태신
앙의 저력이 바로 이것입니다. 그래서 보고 배우는 게 중
요합니다. 이삭은 믿는 부모의 삶을 날마다 보았기에, 똑
같이 불임을 겪어도 그것이 너무나 쉽게 해석되어서 실수
없이 평안한 길로 갈 수 있었습니다. 부모가 날마다 인생

의 목적이 행복이 아니고 거룩이라고 외치니까, 보고 배운 믿음의 본이 있기에 쉽게 해석이 되는 것입니다.

그런데 기껏 어렵게 잉태한 아이들이 리브가의 배 속에서부터 싸우고 난리입니다. 이스마엘 자손은 누구 하나 부모를 힘들게 했다는 이야기가 없는데, 이삭과 리브가에게는 쉬운 일이 하나도 없습니다. '나는 왜 이러나' 하면서 '어찌할꼬' 하고 여호와께 물었더니 답을 해 주셨습니다.

> 여호와께서 그에게 이르시되 두 국민이 네 태중에 있구나 두 민족이 네 복중에서부터 나누이리라 이 족속이 저 족속보다 강하겠고 큰 자가 어린 자를 섬기리라 하셨더라_창 25:23

산 넘어 산입니다. 집집마다 형이 잘되어야 집안이 편하지 않겠습니까. 동생이 공부를 잘하고 형이 공부를 못하면, 동생에게 잘했다고 칭찬도 못 하고 형에게 못했다고 야단도 칠 수 없는 법입니다. 야단칠 사람을 야단치고 칭찬 받을 사람을 칭찬해야 하는데 이것을 제대로 못 하니까 둘 다 상처를 받습니다. 이삭도 이스마엘 형이 아닌 자기가 택함을 받았는데 자식도 동생이 택함을 받는다고 하니 이것이 얼마나 고난입니까?

문제없는 가정은 없습니다. 아무리 행복한 가정이라고 해도 리브가처럼 잉태를 못 하거나, 잉태를 했는데 키우지 못할 환경이라거나, 또 자녀들은 괜찮은데 부모가 문제가 있는 등 고통스러운 일이 많습니다. 그러나 하나님 안에서 이런 그치지 않는 고통은 그치지 않는 복으로 이어집니다. 믿음의 눈으로 바라볼 때, 그치지 않는 고통이 그치지 않는 복의 근원입니다.

고난이 올 때 묻고 또 물으라

이삭은 배우자를 구할 때도 묵상하고 기도했습니다(창 24:63). 아이가 없을 때는 간구하며(창 25:21) 기도했습니다. 그리고 아이들이 태 속에서 싸울 때도 하나님께 묻고 기도했습니다(창 25:22). 이삭은 어떤 일이 와도 여전한 방식으로 묵상하고 기도하고 하나님께 물으며, 하루하루 평범한 생활 예배를 잘 드렸습니다. 하나님 앞에 원망이나 불평하지 않고 고생하는 인생을 말없이 살아냈습니다.

『믿음의 항해』를 쓴 레이 프리처드(Lay Pritchard)에 의하면, 우리는 "하나님, 공식을 주세요" 하며 하나님과의 관계를 공식으로 만들려고 하지만 그런 것은 없다고 합니다. 하나님은 "나를 알고 나와 시간을 보내고 너의 삶 모든 분야에서 나를 최우선 순위로 두어라. 그러면 내가 모든 삶을 책임진다"고 말씀하신다고 합니다. 기도로 하나님께 모든 것을 드리라는 것입니다. 그것이 삶을 바라보는 새로운 방법입니다.

사역에 위기를 맞은 어떤 사역자가 자신의 어려움을 편지로 써서 베스트셀러 작가인 달라스 윌라드(Dallas Albert Willard)에게 보냈습니다. 자신의 어려움과 자기를 힘들게 하는 사람들에 대해서 구체적이고 긴 편지를 써서 보내고는 '알지도 못하는 분한테 괜히 보냈는가' 하며 불편한 마음으로 답장을 기다렸습니다. 그러다 거의 포기할 즈음 두

달 만에 딱 두 줄의 답장이 왔습니다.

"매일 아침에 일어나 하나님이 원하신다고 생각하는 일을 하십시오. 그리고 남이 어떻게 생각하는지는 그만 걱정하셔야 될 것 같습니다. 달라스 윌라드 드림."

이것이 그 사역자가 정확히 들어야 하는 말이었습니다. 우리도 매일 무엇을 해야 할지 모른다면 아침에 일어나 하나님이 원하시는 것이라고 믿는 일을 하면 됩니다. 그리고 다른 사람이 어떻게 생각하는지 걱정하지 말아야 합니다. '믿는 집안에 왜 자식이 없어? 남들이 뭐라고 생각하겠어?', '애들이 싸우는데 뭐라고 생각하겠어?' 밤낮 이러면서 걱정만 해서는 안 됩니다. 하나님의 인도는 매일의 순종에서부터 시작합니다. 그것이 묵상이고, 기도고, 주님께 묻는 것입니다.

가장 큰 위기의 순간은 기도를 포기할 때입니다. 하나님은 우리의 기도를 들으시고 쌓아 놓고 계십니다. 기도가 응답되지 않았다고 생각하면 안 됩니다. 우리는 당장 문제를 해결해 달라고 기도하면서, 하나님은 꿈쩍도 하지 않으신다고 생각합니다. 그러나 하나님은 단지 하나님의 시간표대로 일하실 뿐입니다.

이삭은 문제에 부딪혔을 때 기도했습니다. 이삭을 보면서 복된 가정의 비밀은 문제가 없는 것이 아니고, 기도하면서 문제를 해결하는 것임을 알 수 있습니다. 문제가 없는 가정이 문제가 있는 가정이고, 문제가 있는 가정이 문제가 없는 가정입니다. 우리는 아이를 갖지 못하면 서로 비판하고 원망하기 바쁜데 이삭은 그러지 않았습니다. 결국 그의 기도는 응답되었습니다. 믿음의 기도는 결코 땅에 떨어지지 않습니다.

최고의 사랑을 통해 위대한 결혼을 이루라

"어? 뭐야. 전복도 넣는 것 같더니 왜 안 보여?"

삼계탕 그릇을 뒤적이던 김 집사의 남편이 이상하다는 듯이 묻습니다.

"당신 그릇엔 인삼 두 뿌리 담았잖아요. 전복은 아들

그릇에 담았어요."

"뭐? 이 사람이 진짜, 아들 입만 입이냐? 세상에 믿을 사람 없다더니, 목사님은 질서에 순종하라고 하시던데 아들보다 남편이 위인 것도 몰라?"

직장에 일이 많아서 오랜만에 집에 들어온 아들을 위해 전복까지 넣어서 삼계탕을 끓였는데, 전복 두 개 때문에 남편이 불같이 화를 내니 김 집사도 어이가 없었습니다.

"당신 부모 맞아요? 아들 힘내라고 전복 두 개 넣어 준 게 그렇게 이해가 안 돼요? 당신한테는 전복보다 더 비싼 인삼 두 뿌리 넣어 줬잖아요!"

결국 김 집사도 폭발을 해서 부부 싸움을 하고 말았습니다. 속썩이는 남편에게 순종하는 것이 여간 힘든 게 아닙니다. 먹는 것, 말하는 것, 사소한 일부터 내 혈기를 죽이고 순종한다는 것은 정말 어려운 일입니다.

에베소서에 "누구든지 언제나 자기 육체를 미워하지 않고 오직 양육하여 보호하기를 그리스도께서 교회에게 함과 같이 하나니 우리는 그 몸의 지체임이라"(엡 5:29~30)고 했습니다. 그리스도와 교회가 하나 됨같이 결혼하면 남편과 아내가 한 육체가 되는 깃인데 남편들이 사기 육체인 아내를 미워하면서 독한 말로 괴롭힙니다. 반대로 아내가 남편에게 독설을 하고 무시하는 것도 결국엔 자기 육체를 미워하는 것입니다.

복종도 주 안에서 하는 것이기 때문에 예수님과 관계를 잘 맺고 있는 부부는 서로 복종하는 데 문제가 없습니다. 반대로 예수님과 관계를 잘 맺고 있지 않으면 서로의 역할을 인정하지 못하고 열등감과 우월감의 싸움이 끊이지 않게 됩니다.

안셀름 그륀(Anselm Grun) 신부의 글 중에 이런 것이 있습니다.

"산산조각 난 꽃병 자체가 우리에게 상처를 입히는 것이 아니라, 자신을 꽃병과 동일시하며 꽃병이 깨져서는 안 된다고 생각하여 온 마음으로 꽃병에 집착하는 것이 상처를 입힌다."

맞습니다. "나는 이렇게 살아서는 안 돼", "나는 자존심 상해서 배우자가 바람피워도 못 살고, 망해도 못 살고, 직장에서 승진이 안 되면 못 살아" 하는 생각 자체가 우리에게 상처를 입힙니다. 편안함과 행복에 집착하는 마음이 평안과 행복을 깨뜨리는 것입니다.

남편은 가난한데 부인은 부잣집 딸인 엘리트 부부가 있었습니다. 결혼 후에 남편은 자신이 꼭 돈 때문에 결혼한 것 같아서 부인을 사랑하는 마음이 생기지 않았습니다. 그런데 똑똑한 남편이 각종 자격시험에 떨어지는 일이 생겼습니다. 그제야 겸손해져서 둘의 관계가 회복되었다고 합니다. 이 부인은 자기 남편이 시험에 떨어진 것이 너무 감사하다고 했습니다. 사랑은 이런 것입니다. 배부르고 등 따듯할 때는 사랑을 모릅니다.

삶의 고통과 힘겨움 때문에 박해를 받는 사람은 자신이 깨진다고 생각하지만, 사람은 꽃병과 다릅니다. 사람은 깨어지면 그때부터 하나님을 향해 마음이 열리고 심령이 가난해집니다. 가난해진다는 것은 자기 자신을 하나님 앞에 내어 맡기는 것을 말합니다.

온유함에는 '무엇을 모으다'라는 뜻이 담겨 있습니다. 온유함은 내 삶 속에 존재하는 모든 것을 모으고 인정하는 것입니다. 나를 깨어지게 하는 모든 것을 인정하는 것이 온유이고, 최고의 사랑입니다. 내가 고아라면 그것을 인정하고, 가난함을 인정하고, 부모가 바람을 피웠으면 인정해야 합니다. 이 모든 것을 모아서 인정하는 것이 제가 날마다 말하는 "옳소이다" 하는 믿음입니다. 매사 "옳소이다" 고백하는 것이 온유함의 극치입니다. 온유함으로 하나님의 옳으심을 인정하고 나와 상대방의 모든 것을 인정하는 사람이 예수님의 말씀대로 넓은 땅을 기업으로 받습니다 (마 5:5).

주님이 우리의 신랑 되어 주시기 위해
십자가에서 먼저 죽어 주셨듯이,
결혼도 우리의 죽어짐 없이는 부활은 없습니다.
그래서 가장 참된 결혼은 한마디로 '죽어짐'입니다.

내 마음 들여다보기

Q. "오래오래 행복하게 살았답니다"라는 결혼 판타지를 갖고 있습니까? '오래오래 행복하게'가 아니라, '오래오래 인내하고 오래오래 부대끼며' 가야 하는 결혼의 실체를 알고 있습니까?

....

....

....

....

Q. 하나님이 함께하심으로 고난이 축복인 것을 인정합니까? 나 자신이나 상대방을 신뢰해서가 아니라 하나님을 신뢰함으로 고난과 슬픔 속에서도 부부가 함께할 것을 확신합니까?

....

....

....

....

Q. 내 삶의 모든 과정에서 하나님의 옳으심을 인정합니까? 하나님께서 백 퍼센트 옳으시기에 결혼을 통해 마주할 모든 사건에서 '옳소이다'의 믿음으로 대처할 것을 결단하십니까?

. . . .

. . . .

. . . .

. . . .

. . . .

. . . .

. . . .

. . . .

. . . .

. . . .

. . . .

. . . .

. . . .

. . . .

. . . .

Chapter 5

결혼의 목적은
행복이 아니라 거룩이다

열네 살 어린 부인과 결혼한 남 집사는 나이 때문에 처가의 반대가 심했지만 혼전 임신을 하여 서둘러 결혼식을 치렀습니다. 반대를 무릅쓰고 결혼했으면 잘 살아야 하는데 부부 생활은 날마다 싸움의 연속이었습니다. 여행 다니면서 싸우고, 영화 보러 가면서 싸우고, 집에 오면서 싸우고, 아이를 등에 업고 싸우고, 차를 타고 가면서도 싸웠습니다. 지겹게 싸우다가 사업이 실패하면서 상황은 더 나빠져 결국 이혼으로 이어졌습니다.

남 집사는 누구보다 열심히 교회를 다니던 분이었습니다. 교회만 다닌 것이 아니라 문제가 있을 때마다 기도원을 찾아다니면서 열심히 기도하고 예배를 드리기도 했습니다. 그럼에도 불구하고 하나님께서 내 가정에 품으신 뜻을 보지 못하고 부인의 진심을 보지도 못했다고 고백했습니다.

이혼한 후에 우리들교회에 온 남 집사는 영안이 조금씩 밝아져 큐티 나눔을 통해 성도들에게 많은 은혜를 끼치고 있습니다. 이혼과 함께 교회를 떠났던 집사님의 아들도 다시 신앙생활을 시작하고 청년부를 섬기고 있습니다.

부부가 하나 되려면 같은 말씀을 들어라

교회를 다니고 하나님을 믿는다고 하면서도 그리스도 밖에 있는 사람들이 너무 많습니다. 겉으로는 경건하게 신앙생활을 하기 때문에 가정의 문제를 쉽게 드러내지 못합니다. 그래서 폭력과 외도, 음란과 같은 가정의 문제들을 어떻게 해결해야 할지 모른 채 속으로 곪아 갑니다. 믿는 사람들이 안 믿는 사람들보다 더 지옥 같은 가정생활과 직장생활을 하고 있습니다. 그 속에서 어떻게 해야 살아날까요? 지금 나에게 말씀하시는 하나님을 만나야 합니다. 다른 누가 아니라 나에게 말씀하시는 음성으로 듣고 돌이켜야 합니다.

모태신앙인인 은 집사는 하나님을 잊고 살다가 아내의 인도로 다시 하나님께 돌아왔습니다. 하지만 돈이 우상이어서 적당히 신앙생활을 하며 여느 의사 부부처럼 돈을 많이 벌어 폼 나게 살고 싶었습니다. 그런데 아내가 많은 고생 끝에 임신했고, 임신 6개월부터 진통이 계속되어 아내는 병상 생활을, 은 집사는 아내의 대소변을 받아내는 간병인 생활을 해야 했습니다.

그러다 아내와 아이가 모두 죽을 뻔한 위기를 겪었고, 이때가 은 집사의 인생 중 가장 힘든 시간이었다고 합니다. 하지만 그 고난을 통해 은 집사는 하나님을 만나게 되었습니다. 이후 미숙아로 태어난 아이가 뇌 손상이 의심된다는 청천벽력 같은 말을 들었습니다. 아내는 아이의 치료를 위해 의사 일도 그만두고 육아에 매달렸습니다. 시간이 지나며 부부는 몸도 마음도 지쳐 갔고 그럴수록 부부 싸움도 잦아졌습니다. 그런데 그때부터 아내가 우리들교회 목장예배에 나가기 시작하더니, 다녀오기만 하면 잔소리가 줄어들었다고 합니다. 그러니 은 집사도 "열심히 나가라"고 권면했습니다. 목사인 제가 "질서대로 남편한테 무조건 순종하라" 하고, 목자는 "힘든 일은 목장에서 나누고 남편한테는 잔소리하지 말라"고 했다는 아내의 말을 듣고 은 집사는 '참 좋은 교회구나'라고 생각했습니다.

그러다 은 집사도 부부 목장에 참석하게 되었고, 이 모임이 남자들에게는 유일하게 속내를 풀 수 있는 자리라는 생각이 들었습니다. 은 집사는 솔직히 '문제 부모만 있고 문제아는 없다'는 말을 잘 이해하지 못하겠다고 했습니다. 하지만 "공동체에 붙어만 있으면 된다"는 저의 말에 계속 잘 붙어 있겠다고 적용했습니다. 이제 은 집사 부부는 아이들을 믿음으로 양육해서 믿지 않는 처가와 본가에 구원의 통로가 되기를 기도하고 있습니다. 그리고 아이를 통해 부부의 환도뼈를 치시어 돌이킬 기회를 주시고, 우리들교회로 인도하셔서 가정을 양육해 가시는 하나님께 감사를 드린다고 고백합니다.

부부가 하나 되려면 같은 말씀을 듣고 묵상해야 합니다. 주일 설교를 듣고 부부가 서로 어땠는지 묻고, 그 말씀으로 같이 기도할 때 능력이 나타납니다. 매일 같은 말씀으로 큐티를 하면 일주일 내내 대화할 거리가 생깁니다. 자녀와도 대화가 안 통해서 문제가 일어나는데, 온 가족이 큐티를 하면 말씀으로 서로 묻고 나누면서 말이 통하는 신비한 일이 일어납니다.

남편이 나를 택한 이유

어느 부부가 유명한 상담학자 제이 아담스(Jay E. Adams)를 찾아왔습니다. 그런데 남편이나 아내나 불편한 얼굴을 하고 와서는 서로 더 멀리 떨어져 앉으려고 했습니다. 무슨 일로 왔느냐고 묻자, 그 아내가 가방에서 주섬주섬 책 한 권을 꺼내 들었습니다. 그 책은 결혼생활 13년 동안 남편의 잘못을 조목조목 따져 쓴 것이었습니다. 책의 맨 뒷면에는 색인표까지 붙어 있었습니다. 남편이 자신의 생일을 잊은 날, 자녀와 관련된 일, 친정에 관한 일 등 섭섭한 일만 색인을 만들어서 13년 동안 있었던 일을 한 권의 책으로 만들었다고 합니다. 각 가정마다 이렇게 책을 쓴다면 열 권도 부족하지 않을까 싶습니다.

상대의 잘못과 약점이 무엇인지 파악하는 것은 매우 중요합니다. 그런데 남편과 아내의 약점을 볼 때마다 '내 남편, 내 아내의 약점 때문에 나를 그 옆에 두셨구나' 이런 생각을 해 보면 어떨까요? '그 약점이 아니었으면 나는 장가도, 시집도 못 갈 뻔했구나' 하고 생각해 보십시오.

저는 중매로 결혼했습니다. 제 남편이 저를 배우자로 택한 이유는 자기가 성격이 너무 급하고 불같은데, 저는 착하고 명랑해 보였기 때문이라고 합니다. 살아 보니까 정말 남편은 자신의 약점을 정확히 파악하고 저를 고른 것이었습니다.

남편이 저에게 "어디 갈까요? 뭐 먹을까요?" 물어볼 때마다 제가 결정을 바로 했다면 절대로 저를 택하지 않았겠죠. 만날 물어봐도 제가 뭘 모르니까 본인이 결정하는 게 좋아서 저를 택한 것입니다. 그러니 남편에게 이런 결점이 없었으면 저는 시집도 못 갔을 것입니다. 그리고 오늘날 예수 믿는 일도 없었을 것입니다.

가만히 생각할수록 남편의 약점 때문에 '내가 사람 됐구나' 싶습니다. 거듭나기 전에는 책으로 몇 권 써야 되는 약점인데 거듭나고 난 후에는 '저 약점 때문에 하나님이 나를 저 사람에게 붙이셨구나' 깨닫게 되었습니다. 그러면서 제 인생이 달라졌습니다. 해석이 달라진 것입니다.

남편은 가정에서 왕으로 대접을 받을 때 아내의 사랑을 느낍니다. 이것은 누구의 잘못 때문이 아닙니다. 남자와 여자가 재료가 다르고 구조가 다르기 때문입니다. 흙과 뼈의 만남입니다. 하나님께서 그렇게 설계하셨습니다. 여자가 먼저 범죄했기에 잘난 뼈가 흙먼지인 남자에게 복종하는 벌을 주셨습니다. 그리고 이것이 주 안에서 마땅하다고 하십니다.

물론 동등한 관계에서 질서를 위해 복종하는 것입니다. 예수님은 하나님과 동등하시지만 그분의 뜻을 이루기 위해 하나님께 복종하셨습니다. 그리고 하나님은 예수님의 순종을 통해 모든 인류가 하나님께 나아가는 길을 열어 주셨습니다. 마찬가지로 아내의 복종의 언어는 남편이 그리스도에게 나아가는 길을 열어 줍니다. 아내의 머리 됨이 남편이고 남편의 머리 됨이 그리스도이기 때문입니다 (엡 5:23). 제임스 엘리엇(James Elliot)의 부인이자 『전능자의 그늘』을 쓴 엘리자베스 엘리엇(Elisabeth Elliot) 선교사는 "아내가 남편에게 할 수 있는 최선의 일은 남편이 하나님의 뜻을 행하도록 돕는 것이다"라고 말했습니다. 이런 아내가 가장 복 받은 여인입니다.

주께 하듯 하라

무슨 일을 하든지 마음을 다하여 주께 하듯 하고 사람에게 하듯 하지 말아야 합니다(골 3:23). 내가 남편에게 복종함으로 주님에 대한 복종을 증명하는 것입니다. 역할이 다를 뿐 이것을 여성 차별이라고 생각하면 안 됩니다. 예수님이 생명을 내놓고 하나님께 복종하셨듯이 영적 리더십은 희생과 섬김을 포함합니다. 그러므로 아내들도 예수님께 복종하듯이 남편의 리더십을 세우기 위해서 복종해야 합니다.

좋은 남편만이 아니라 힘든 남편, 성격 이상한 남편, 돈 못 버는 남편, 알코올중독인 남편, 때리는 남편도 있을 것입니다. 돈 잘 벌고 잘해 주는 남편에게 복종하는 것은 누구인들 못하겠습니까? 좋고 나쁘고를 떠나서 남편이라는 역할에 주께 하듯 복종하는 것을 보여 주어야 합니다. 그러면 남편뿐 아니라 주변 사람들을 주께로 인도하는 통로가 됩니다.

송 집사는 남편이 너무 착해 보여서 결혼을 결심했다고 합니다. 보석 세공 기술도 있으니 사는 데도 별 문제가 없을 것 같았습니다. 그런데 그렇게 착해 보이던 남편은 신혼 여행지에서부터 캔맥주를 손에서 놓지 않더니 하루가 멀다고 취해서 살았습니다. 임신을 하고 첫아이를 낳았지만 남편은 술을 마시느라 집에 들어오지 않았고, 보다 못한 시누이가 알코올중독 치료 병원에 남편을 입원시켰습니다. 도저히 못 살겠다는 생각에 송 집사는 남편이 입원해 있는 동안 부산에서 서울로 이사를 와 버렸습니다. 퇴원한 남편이 찾아와서 잘못했다고 빌기에 다시 살아 보자 했지만 하루하루가 지옥이었습니다.

남편은 보석 세공 기술로 일본과 미국에서도 인정을 받아 돈을 잘 벌었지만 일을 지속적으로 할 수가 없었습니다. 24시간 술을 마시며 술주정을 하고 물건을 집어 던지고 점점 더 난폭해져서 폭력까지 휘둘렀습니다. 아들에게 지친 시어머니가 송 집사에게 돈을 쥐여 주며 집을 떠나라고 할 정도였습니다.

어느 날 남편 자신도 너무 견디기 힘들어하다 산에서

굴러떨어져 죽을 뻔한 사고를 겪었습니다. 경찰의 도움으로 겨우 집에 돌아온 남편은 죽은 시체와도 같았습니다.

지푸라기라도 잡는 심정으로 형님의 소개로 우리들 교회에 오게 된 송 집사는 첫 예배에서 '억지로 지는 십자가도 축복'이라는 말씀이 귀에 꽂혔다고 합니다. "배우자가 알코올중독이면 이혼해야 하느냐, 남편에게 욕을 먹고 매를 맞더라도 가정은 반드시 지켜야 한다"는 설교에 위로를 받고 펑펑 울었다고 합니다. 이후 남편도 함께 교회에 나오게 되었고 목장예배에 참석하면서 남편은 여덟 번째로 입원을 하게 되었습니다. 불안해하는 송 집사에게 목자는 "말씀으로 예방주사를 맞고 입원한 것이니 퇴원 후의 일을 두려워하지 말라"고 말해 주었습니다.

남편은 병원에 입원해 있을 때 제 책 『날마다 큐티하는 여자』를 읽고 "누구의 남편으로 불린 적이 있으십니까?"라는 책 속 질문에 자신을 돌아보게 되었다고 합니다. 그리고 누구의 남편, 누구의 아버지가 아닌 알코올중독자로 불리며 살아온 날들을 회개했습니다.

퇴원한 남편은 인천에서 서울까지 오가며 예배를 사

수했고, 양육훈련도 받기로 결심했습니다. 그리고 양육을 받으며 거짓말처럼 알코올중독이 끊어졌습니다. 제 책들을 읽으며 말씀대로 살아야겠다고 다짐도 했습니다.

그렇게 남편은 말씀을 달게 받았지만 분노와 금단 증상에 시달리다 송 집사의 머리에 라면을 쏟아붓기도 했답니다. 양육을 받으면서는 배운 말씀을 칼처럼 휘두르며 송 집사를 24시간 찔러 댔습니다. 목장에서는 입만 열면 "네가 뭘 안다고 기술자인 나에게 취직에 대해서 이래라저래라 하느냐"고 목장 식구들에게 욕을 쏟아부었습니다. 중독을 끊어 내는 과정이 너무나 고통스러웠지만 남편이 다시 알코올중독으로 돌아가는 것보다는 낫다는 생각에 송 집사는 날마다 말씀과 기도로 버텼습니다.

그렇게 예배와 양육을 통해, 또 목자들의 권면과 관심 덕분에 공동체에 붙어만 있었더니 남편이 변하기 시작했습니다. 남편은 하루도 빠지지 않고 꼼꼼히 큐티를 하면서 살기 위해 몸부림을 쳤습니다. 말씀을 보고 오늘 내게 허락하신 환경에 순종하는 것이 십자가 지는 적용임을 깨닫고 월급이 적은 직장이라도 취직을 했습니다. 아내인 송 집사에게 미안하다고 용서를 구하며 "당신이 없었으면 죽었을 인간"이라고 고백하기도 했습니다.

도저히 복종할 수 없는 남편에게 복종한 송 집사의 적용은 결코 헛되지 않습니다. 남편의 인격에 복종한 것이 아니라 알코올중독인 남편이라도 주님이 세우신 질서이기에 복종한 것입니다. 그러므로 주님께서 남편의 알코올중독도 치료해 주신 줄 믿습니다.

뭐 먹을까? 뭐 볼까? 자자!

산부인과 의사였던 제 남편은 바람을 피우거나 중독이 있거나 무능력한 사람이 아니었습니다. 남들이 진국이라고 말하는 성실한 사람이었습니다. 그런데도 저를 슬프게 하고 비탄에 빠지게 할 때가 많았습니다. 사랑의 언어로 대화를 할 줄 몰랐기 때문입니다. 제가 비를 좋아해서 비가 오면 반가워 "어머나, 비가 오네" 하면 "철없는 소리하고 있네" 하며 타박을 했습니다. "눈이 와요. 오, 첫눈이 오네" 하고 좋아하면 "눈이 밥 먹여 주냐?" 하고 핀잔을 주었습니다.

병원 식구들 앞에서도 "할 줄 아는 게 뭐냐" 하면서 저를 무시하기 일쑤였습니다. 그러고는 시댁에서 일을 하면 "우리 집사람 약하니까 일 시키지 말라"고 하며 분위기를 썰렁하게 만들었습니다. 정말 제게 도움이 안 되는 사람이었습니다. 그래도 "나는 할 일 다하고 바람도 안 피우고 소처럼 일한다. 나 같은 남편이 있는지 어디 한번 찾아보라"는 것이 남편의 주제가였죠.

병원 위층이 살림집이라서 남편과 거의 24시간을 함께 지내는데 대화가 늘 이렇다 보니 서로에 대해서 몰라도 너무 몰랐습니다. 저는 속상해서 눈물로 밤을 지새우는데 남편은 아무 일 없다는 듯 "우리 뭐 먹으러 갈까?" 이러는 겁니다.

남편의 사랑의 언어와 아내의 복종의 언어를 이해하지 못하면 그냥 말문이 딱 막히게 마련입니다. 그리고 말문이 막히면 고독이 옵니다. 생각해 보면 "뭐 먹을까? 뭐 볼까? 자자!" 이 세 마디 말고는 우리 부부는 대화가 거의 없었습니다.

　예수 믿고 영적으로 변화된 제가 육적인 존재에 머물러 있는 남편을 주님께 이끌기 위해서 복종의 언어를 사용해야 하는데, 딱 제 믿음의 분량만큼만 복종의 언어가 나오는 것을 알았습니다. 그래서 예수를 믿는데도 외로웠고, 남편과 같이 교회에 가서 신앙생활을 하고 싶었습니다. 남편에게 사랑의 언어를 듣고 싶었습니다. 함께 신앙생활 하는 부부를 부러워하면서 비교하니까 더 외로워졌습니다.

　미국 스탠퍼드대학교의 필립 짐바르도(Phillip Zimbardo) 교수는 "고독만큼 무서운 살인자가 없다"고 했습니다. 제 남편이 하늘나라로 간 지 30여 년이 지났습니다. 이전에는 남편과 영적으로 통하지 않아 외로웠다면 남편이 떠난 후에는 그 빈자리가 저를 고독하게 했습니다. 그러나 남편이 구원 받고 천국에 갔기 때문에 예전과는 외로움의 종류가 전혀 다릅니다. 육적으로는 남편의 빈자리가 아쉬울 때도 있지만 영적으로는 같은 하나님 나라 가족이 되었기 때문에 더 이상 외롭지 않습니다.

나의 티와 주름을 먼저 보라

31 그러므로 사람이 부모를 떠나 그의 아내와 합하여 그 둘이 한 육체가 될지니 32 이 비밀이 크도다 나는 그리스도와 교회에 대하여 말하노라_엡 5:31~32

부부에게 한 육체가 되는 즐거움이 커지면 자연히 부모를 떠나게 됩니다. 결혼을 하면 경제적·사회적으로 부모를 떠나야 합니다. 그런데 부모를 떠나지 못하는 것은 둘만의 사랑이 지극하지 못하고 특별히 육체의 비밀이 없기 때문이라고 할 수 있습니다. 나의 반을 버리고 상대의 반을 채워 넣는 것이 결혼이고 십자가의 길인데, 육체의 비밀이 완전한 부부는 힘들어도 이 길을 걸어가기가 쉽습니다. 물론 육체의 비밀만이 전부는 아니지만, 그 비밀을 모르니까 자꾸 딴소리를 하는 것입니다.

마찬가지로 주님과 우리의 관계도 형언할 수 없는 비밀입니다. 주님과의 관계에서 비밀과 즐거움이 크면 세상 것에서 떠날 수 있습니다. 그 비밀이 없기 때문에 아직도

옛것을 끊지 못하고 기대하는 것입니다. 이것이 부부 관계의 비밀이고 주님과의 비밀입니다. 부부 각자가 이런 예수 그리스도와의 비밀이 커서 주님을 가정의 머리로 인정하게 되면 부부의 연합도 가능해집니다.

인생의 목적, 결혼의 목적이 무엇입니까? 부부가 서로 복종하고 사랑하는 이유는 티나 주름 잡힌 것이 많은 내가 거룩하고 흠이 없는 영광스러운 교회로 세워지기 위함입니다(엡 5:27).

아무래도 남편의 믿음이 더 좋으면 부부가 각자의 역할을 감당하기가 쉽습니다. 그러나 대부분 그렇지 못한 것이 현실입니다. 결혼생활을 통해 사랑 받고 싶은 것이 아내들의 본성인데, 그것이 좌절되면서 아내들이 사랑의 본체이신 예수님을 만나게 됩니다. 그러면서 남편도 예수께로 인도하고자 애쓰게 되지요. 이것이 가정이 거룩해지는 과정입니다.

우리의 결혼생활에 얼마나 티와 주름이 많습니까? 먼저 이것을 인정해야 합니다. 결혼생활은 마치 아코디언처럼 수많은 티나 주름이 있을 수밖에 없습니다. 그것을 없애려고 인간적으로 죽을힘을 다해 노력한다고 해도 그 티가 사라지지 않습니다. 그러니 결혼의 목적이 행복이 아니고 거룩이라는 것을 모르면 인생이 슬플 수밖에 없습니다.

티나 주름이 많을 수밖에 없는 것이 우리 인생인데 자신만은 예외라고 생각하는 경우가 많습니다. 그래서 힘든 배우자를 인정하지 못하고 떼어 버리려 하는 것입니다. 우리의 인생에, 결혼생활에 당연히 티와 주름이 많다는 것을 인정하고 먼저 나의 티와 주름을 봐야 합니다. 원만한 부부 관계는 나와 주님과의 관계가 제대로 이루어질 때 가능합니다. 주님 안에서 나의 티와 주름을 보고 회개하면서 가면 부부 사이에도 화해와 용서가 이루어집니다.

남편과 아내의 희망 사항

남편이 아내의 복종의 언어에서 사랑을 느끼려면 아내들은 사랑한다는 말보다는 남편을 인정하는 말을 해 주

169

어야 합니다. 또 한 가지 중요한 것은 복종의 언어는 육적으로도 구체적으로 드러나야 한다는 것입니다. 내 몸을 내가 주관하지 않고 남편과의 관계에서 복종해야 하는 것입니다.

남편은 남자와 남편과 아버지의 순서로 사랑의 언어를 써야 합니다. 아내도 여자와 아내와 어머니의 순서로 복종의 언어를 써야 합니다. 그래서 남편이 '내 아내가 이런 아내였으면 좋겠다' 하는 희망 첫째가 성적인 만족을 주는 아내라고 합니다. 둘째는 편안한 휴식을 가져다주는 아내이고, 셋째가 취미 활동을 같이할 수 있는 아내, 넷째가 아름다운 몸매를 위해 애쓰는 아내, 다섯 번째가 남편에 대한 존경심을 가진 아내입니다. 사실 이것만 봐도 남편들이 얼마나 육적이고 이기적인지 알 수 있습니다. 결국 자기만 바라보라는 것입니다.

그런데 아내가 너무 경건하다 보니 이런 남편을 보고 짐승이라고 하면서 무시합니다. 맞는 말입니다. 남자는 재료가 흙이고 여자는 뼈라고 했습니다. 수준 차이가 날 수밖에 없지만 그렇다고 남편을 무시해서는 안 됩니다. 남자들의 구조 자체가 그런 것을 인정해야 합니다.

반면에 아내는 남편의 아가페적 언어를 통해 사랑을 느낍니다. 여자가 굉장히 믿음이 좋아서 그런 것이 아니라 여자와 남자는 재료도 구조도 다르기 때문입니다.

아내가 첫째로 원하는 남편상은 부드럽게 보살펴 주는 남편입니다. 여자에게는 성적인 만족보다 친밀함이 더 중요합니다. 그래서 둘째는 대화가 잘 통하는 남편이고, 셋째는 신뢰감을 주는 남편, 넷째는 경제적 안정감을 가져다주는 남편, 다섯째가 가정에 헌신하는 남편을 원한다고 합니다. 한마디로 아내는 위로해 주고 사랑해 주면 됩니다. 반면에 남편은 그런 것보다는 인정받기를 원합니다. 그러므로 부부간의 사랑과 복종의 언어는 선택이 아니라 필수입니다.

'처럼'과 '같이'의 가정으로

'아내가 그럴 만해야 사랑을 하지', '남편이 그럴 만해야 복종을 하지' 이러면 안 됩니다. 우리의 본성으로는 사랑과 복종의 언어를 쓰는 것이 당연히 어려울 수밖에 없습니다. 그러나 이 땅에서 부부로 만나고 가정으로 묶인 이유는 오직 구원 때문입니다. 결혼은 상대방에게 이해 받기 위해서 하는 것이 아닙니다. 하나님의 사랑하심을 받은 자'처럼' 주께서 너희를 용서하신 것'같이'(골 3;12~13), 이 '처럼'과 '같이'의 인생을 가장 먼저 살아야 할 곳이 가정입니다.

결혼은 내 짐을 덜기 위해서가 아니라 무거운 짐을 더 많이 지기 위해서 하는 것입니다. 배우자의 식구, 환경, 질병을 짊어지기 위해서 하는 것입니다. 이 어려운 짐을 지고 저 사람과 같이 갈 수 있다는 확신이 들 때 하는 것입니다.

이해 받고 사랑 받기만을 원해서 결혼하는 것은 아주 위험한 일입니다. 결혼은 죄인 된 내가 철저히 주님께 복종하기 위하여 이 땅에서 만난 배우자를 통해 훈련되는 과정입니다.

애초부터 대화 체계가 잘 갖추어진 부부가 만나면 얼마나 좋겠습니까? 하지만 대부분의 경우는 음란과 사욕과 탐심과 정욕으로 결혼을 합니다. 하나님이 계셔야 하는 자리에 행복이라는 우상을 두고 결혼하기 때문에 한결같이 불행해지는 것입니다.

　신문에서 신랑이 명문대학을 나오고 좋은 직장을 다닌다고 해서 결혼했는데 알고 보니 고등학교 졸업에 직장도 없는 사람이어서 이혼 소송을 하고 승소했다는 기사를 보았습니다. 세상 법은 아내의 손을 들어 주었을지 몰라도 그런 남편을 고른 자매도 똑같은 사람입니다. 속이는 사람, 속는 사람 모두 욕심 때문에 분별이 안 되는 것입니다.

　골로새서 3장에서 "위의 것을 찾고 땅에 있는 지체를 죽이라"고 했습니다. 땅에 있는 지체는 '음란과 부정과 사욕과 악한 정욕과 탐심'이라고 했고, 이 다섯 가지가 집결된 총체적인 악이 불신 결혼입니다.

　정욕으로 결혼한다는 것은 믿음 없는 악한 사람이 또 다른 믿음 없는 악한 사람을 골라서 각자의 사연을 주 안에서 해결하지 못하고 만나는 것입니다. 모두 어쩔 수 없이 음란해서, 순결을 지키지 못해서, 임신을 해서, 상대가 돈이 많아서 결혼을 합니다. 각자 사연과 내력 없는 사람이 어디 있겠습니까. 그런데 결혼하고 나서 "숨겼다, 아니다, 속였다, 속았다" 하면서 분과 악의와 훼방과 거짓말이 나옵니다. 그래서 하나님은 땅에 있는 지체를 고치지 말고 "죽이라"고 하셨습니다.

우리들교회에 와서 밤낮으로 말씀을 보고 듣고 적용하려고 노력했지만 인생의 목적이 거룩이 아니라 행복이었기에 힘들었다는 한 집사님이 계십니다. 그래서 여자와 술과 고스톱에 빠져 밖으로만 도는 남편에게 날마다 이를 갈았다고 합니다.

어느 날, 일이 있다면서 주말에 나가는 남편이 이상해 뒤를 따라가 보니 외도녀가 운영하는 호프집 앞에 남편의 자동차가 주차되어 있었습니다. 가슴이 뛰어서 꼼짝도 할 수 없는데 남편은 저를 보자마자 자리에서 일어나 가자고 했습니다. 저는 그런 남편의 손을 뿌리치고 그 여자에게 "이야기 좀 하자"며 마주 앉았습니다.

그런데 그 여자가 다짜고짜 제 뺨을 때리고 저를 밀쳐 순식간에 그곳은 아수라장이 되었습니다. 저는 그녀에게 맞아서 온몸에 상처가 나고 옴짝달싹 못 하게 되었다가 옆의 손님에게 도움을 구해 간신히 그곳을 빠져나올 수 있었습니다.

외도녀에게 폭행을 당하여 온몸이 만신창이가 된 저는 남편에게 "집 앞에 있는 학교 운동장으로 가자"고 했습니다. 그리고 운동장에서 남편에게 무릎을 꿇고 빌었습니다. "그동안 내가 돈에 미쳐서 당신 속을 많이 썩였어요. 내가 있어야 할 자리에서 아내의 역할, 엄마의 역할을 하지 못했어요. 정말 미안해요. 용서해 줘요. 당신도 나중에 하나님 만나면 회개하게 될 테니 이제 그만하고 돌아와요."

남편은 "미쳤냐"며 일어나라고 했지만 무릎을 꿇고 사과하는 저를 보면서 저에 대한 분노가 조금은 해소된 것 같았습니다. 그 후에도 남편은 여전히 그 여자를 만나고 새벽까지 고스톱을 치고 저에게 욕을 했습니다. 그래도 저는 가정을 뛰쳐나가지 않았습니다. 그때는 혼인신고도 안 한 상태라서 문자적으로도 옥문이 열려 있었지만 밖으로 나가지 않았습니다. 제가 중심 잡는 한 사람이 되면 나와 가족이 구원을 받으리라는 확신이 있었기에, 지체들의 위로를 받으며 목장의 처방에 순종할 수 있었습니다. 남편을 미워하고 원망하기보

175

다는 말씀을 통해 저의 악함을 먼저 회개하며 남편과 아들에게 미안하다고 고백했습니다.

요즘 남편은 예배를 우선에 두고 살아갑니다. 아직 어린 신앙이기에 어린이 큐티인으로 큐티를 합니다. 아들도 매일 큐티를 하며 저의 동역자가 되어 줍니다. 3주 전에는 아들이 청소년부에서 세례 간증으로 자기 죄를 오픈하며 은혜를 나누었습니다. 저 한 사람이 옥문을 뛰쳐나가지 않고 중심을 잡으니 가정이 회복되고 온 가족이 구원 받는 기쁨을 누리게 되었습니다. 이제부터 남편에게 복종의 언어를 쓰기로 결단하고 그 구체적 적용으로 존댓말을 쓰겠습니다.

복종할 만해서 복종의 언어를 쓰는 것이 아니고, 사랑할 만해서 사랑의 언어를 쓰는 것이 아닙니다. 결혼생활에 암초가 있어도 이렇게 회개와 말씀으로 성령의 파도를 타고 넘어가는 것입니다. 그것이 복종의 언어를 쓸 수 있는 비결입니다.

배우자의 사연을 껴안으라

하나님은 땅에 있는 지체를 죽이라고 하시는데(골 3:5) 참으로 죽어지지 않는 것이 우리 모습입니다. 예수 그리스도의 십자가 안에서 다 해결했다고 눈물로 고백하고, 내적 치유를 받으며 자유로워진 것 같은데도 내일 또 죄가 살아납니다. 날마다 십자가에서 기절만 하고 죽지 않으니까 매일 살아나는 것입니다. 나는 죽었어, 죽었어 해도 뒤돌아보면 또 살아나 있습니다.

위의 것에 반하는 '땅에 있는 지체'의 정체는 사탄입니다. 땅에 있는 지체를 죽이려면 어떻게 해야 합니까? 사탄에게 먹이를 주면 안 됩니다. 사탄을 굶겨야 합니다. 그렇다면 굶기는 것은 무엇인가요?

지나간 사연과 상처에 집착하고 지나간 것을 고쳐 보려고 하는 것이 사탄에게 먹이를 주는 것입니다. 이제 예수님을 믿고 새사람이 되었다면 저주의 고리를 끊어야 합니다. 과거를 고치고 치유하려 하지 말고 아예 끊어내야 합니다. 그러기 위해 남편의 사연을 껴안고 아내의 사연을 껴안아야 합니다. 내 짐을 나누는 것이 아니라 배우자의 짐을 내가 지고자 할 때 복종의 언어, 사랑의 언어가 나오고 부부간에 연합이 이루어집니다.

거룩을 위해 복종과 사랑의 언어로 나아가야 하지만 우리가 아무리 사랑의 언어, 복종의 언어를 써도 완전한 사랑은 하나님의 사랑밖에 없습니다. 우리의 결혼은 아픔과 죽음이 있고, 슬픔과 다툼이 있습니다. 그래서 우리는 손모아 주님 앞에 기도해야 합니다. 아무리 사랑과 복종의 언어를 써도 내가 하나님을 모르면 다 허무한 것입니다.

어떻게 우리가 복된 결혼생활을 할 수 있을까요? 한 남편, 한 아내로 자리매김하기 위해 숱한 고통을 치르며 내 힘으로 할 수 없어서 하나님과 성령님의 도움을 받아서 이루어 가는 것이 진정 복된 결혼입니다. 오직 하나님만이 주인 되셔서 이끌어 가시는 결혼이 가장 위대합니다. 남편이 돈을 잘 번다고, 아내가 예쁘다고 결혼생활이 행복해집니까? 가난할 때나 부유할 때나, 아플 때나 건강할 때나, 슬플 때나 기쁠 때나 하나님만이 이 결혼을 이끄셨다고 고백하게 되는 것이 위대한 결혼입니다.

남편의 사연을 껴안고 아내의 사연을 껴안아야 합니다.
내 짐을 나누는 것이 아니라 배우자의 짐을
내가 지고자 할 때 복종의 언어, 사랑의 언어가 나오고
부부간에 연합이 이루어집니다.

내 마음 들여다보기

Q. 나는 어떤 남편, 어떤 아내입니까? 앞으로 어떤 남편, 어떤 아내가 되고 싶습니까? 구체적으로 적어 봅시다.

....

....

....

....

....

....

Q. 결혼을 통해 하나님께서 주시는 약속과 비전이 있습니까? 하나님의 약속과 비전을 구하며 매일 말씀 묵상과 기도로 인도함을 받고 있습니까?

....

....

....

....

....

Q. 인생의 목적, 결혼의 목적이 행복이 아니라 거룩이라는 것에 전적으로 동의합니까? 거룩과 구원을 위해 땅의 지체, 세상적 조건과 내 정욕을 죽이고 오직 믿음의 결혼을 하기로 결단합니까?

....
....
....
....
....
....
....
....
....
....
....
....
....
....

Chapter 6

이혼, 재혼, 삼혼을 해도
별 인생이 없다

저는 모태신앙인으로 어려서부터 교회를 다녔지만 이혼에 관한 설교를 거의 들어본 적이 없었습니다. 저 역시 목사님의 주례로 결혼했지만 주례사 내용이 뭐였느냐고 물어본다면 그 기억 또한 가물가물합니다. 주례사가 문제가 아니라 그때 저에게 믿음이 없었기 때문입니다. 그럼에도 하나님의 은혜로 용광로 같은 결혼의 고난을 겪고 나서 인생의 목적이 행복이 아니라는 것을 알았습니다.

저는 남편에게 애틋한 사랑을 받지 못했습니다. 그런데 그 남편 때문에 하나님을 알고 나니 사랑이 생겼습니다. 남편을 위해서 기도하고 남편의 구원을 위해 생명을 내놓았으니 그야말로 최고의 사랑을 했다고 할 수 있습니다. 믿음으로 결혼하면 사랑도 따라옵니다. 하나님은 결혼 전에 생각했던 인간의 사랑과는 비교도 안 되는 사랑을 저로 하여금 알게 하셨습니다. 행복하기 위해 결혼하는 것이 아니라 하나님께서 원하시는 거룩을 이루기 위해 결혼하는 것임을 깨달았습니다. 인생의 목적, 결혼의 목적이 거룩이라는 것을 삶에서 절실히 깨달았기에 제가 날마다 결혼과 이혼에 대한 메시지를 외치고 있는 것입니다.

우리 주변에는 이혼할 수밖에 없는 심각한 일들이 너무나 많습니다. 그런데 기억해야 할 것은 문제없는 가정은 없다는 것입니다. 다른 교회에서 열심히 섬기고 있는 어느 자매가 이혼을 하겠다기에 제가 "우리들교회에 한 번만 와 보라"고 했습니다. 그런데 자매가 참석한 예배에서 마침 결혼하자마자 이혼한 자매가 간증을 했습니다. 자매는 "혼인신고도 하지 않고 이혼했기에 대수롭지 않게 여겼는데, 시간이 흐르면서 피폐해지고 술과 폭력에 물들게 되었다"고 고백했습니다. 그래서 자신은 이혼했어도 여러분은 절대 이혼하지 말라고 부르짖었습니다. 자매는 이혼한 사실을 숨기다 보니 자꾸 거짓 인생을 살게 되더라는 말도 덧붙였습니다.

그런데 이혼을 결심했던 자매는 말씀이 하나도 안 들렸는지 예배 후에 이렇게 말했습니다.

"그 자매는 잘못이 있어서 그런지 모르지만 저는 잘못한 게 하나도 없는데요? 저는 이혼해야겠어요."

자신은 전혀 잘못한 게 없기 때문에 이혼하는 게 마땅하다고 했습니다. 이렇게 말씀과 간증을 통해 하나님이 권면하셔도 내가 듣지 않기로 결단하면 누가 무슨 말을 해도 소용이 없습니다.

저는 주례사를 할 때 "결혼 전에는 아니라고 생각되면 결혼식 한 시간 전이라도 파혼해라. 그런데 결혼하고 나면 절대 이혼하면 안 된다. 혼인을 선포하고 나면 그 순간부터 헤어지는 것은 이혼이기에 절대 안 된다"고 말합니다. 이혼에는 핑계가 없기 때문입니다. 결혼식에서 왜 이혼 이야기를 하느냐고 하겠지만 우리들교회는 그것 때문에 세워졌다고 해도 과언이 아닙니다. 예수를 믿든 안 믿든 슬플 때나 기쁠 때나 영원히 사랑하겠다고 맹세하고 결혼해도 다들 이혼을 합니다. 예식장에 들어가는 순간부터 좋은 일은 없고 안 살 일밖에 없다는 것을 알고 결혼해도 고생인데, 신기루 같은 사랑 타령을 하고 결혼하니까 더 힘든 것입니다.

재결합을 하기까지

우리들교회 임 집사는 부모님의 불화 때문에 사랑이 우상이 되어 자기만 사랑해 줄 것 같은 남편과 결혼했다가 그 기대가 무너지는 사건을 겪었습니다.

임 집사는 어린 시절 술만 마시면 엄마를 때리는 아빠를 보며 자랐고, 때리는 아빠를 피해 숨어 계신 엄마를 찾으러 다니며 절대 엄마처럼 살지 않을 거라고 다짐했습니다. 초등학교 4학년 때 엄마를 이유 없이 때리는 아빠를 향해 "이렇게 살 바엔 차라리 이혼을 하시라"고 했다가 머리카락이 다 뽑히고 어지러워서 사흘 동안 학교를 가지 못한 일도 겪었습니다. 그러나 이유 없이 매를 맞고도 이혼하지 않고 가정을 지켜 준 엄마 덕분에 임 집사는 반듯하게 자라 세상에서는 인정받는 사람이 되었습니다.

임 집사는 아빠와 반대되는 사람을 만나고자 했고, 백여 통이 넘는 편지를 보내며 지고지순한 사랑을 보여 준 남편에게 감동해 결혼했습니다. 하지만 딸아이를 낳은 지 50일이 되던 날 재앙은 시작되었습니다. 남편이 안마시술

소와 유흥업소를 출입하고 여러 차례 외도했다는 사실을 알게 된 것입니다. 남편이 잘못을 인정하고 용서를 빌어도 임 집사는 배신감에 사로잡혀 도저히 용서할 수 없었습니다. 그래서 매일매일 남편을 어떻게 괴롭힐까 고민하고, 딸아이를 방치하며 지옥을 살았습니다. 계속되는 임 집사의 괴롭힘에 한계를 느낀 남편은 결국 이혼을 요구했습니다. 임 집사는 가정을 배신한 남편이 먼저 이혼하자고 나오니 더더욱 용서가 안 되었습니다.

이혼 후 임 집사는 '내 인생에 오점을 남긴 이 사람의 모든 것을 잃게 해 주리라'는 복수심에 불타올랐습니다. 그래서 남편의 학교에 찾아가 '성매매 교수'라는 전단지를 학생들에게 돌렸고, 임 집사의 바람대로 남편은 결국 교수직을 해임당했습니다. 그렇게 악을 악으로 갚으면 후련해질 줄 알았습니다. 그러나 오히려 임 집사는 '이제는 정말 남편과 끝이구나. 내가 도대체 무슨 짓을 한 거지? 우리 딸 보기가 너무 부끄럽다'는 수치심이 들며 죽음까지 생각하게 되었습니다. 그렇게 두려움에 휩싸여 있을 때 우리들교회로 인도되었고, 그날 하나님을 처음 만나게 되었습니다.

임 집사는 말씀을 묵상하면서 세상 성공에 대한 미련이 없어지고, 이혼한 남편을 긍휼히 여기는 마음이 들었다고 합니다. 말씀이 가뭄의 단비처럼 들리고, 말씀의 통치를 받으니 자신의 죄도 조금씩 보이기 시작했습니다. 자신이 얼마나 남편을 외롭게 한 아내였는지, 남편의 음란만 죄가 아니라 자기의 거짓된 입술과 궤사한 혀가 남편을 죽이는 더 큰 죄라는 것을 알게 되었습니다.

　임 집사는 상처를 준 무서운 아버지를 피해 남편에게 사랑의 도피를 했다고 착각하며 살았습니다. 절대 부모님처럼 살지 않을 거라고 장담했지만 어느새 아빠처럼 살고 있는 자신을 보았고, 딸아이에게도 씻을 수 없는 상처를 준 엄마라는 걸 깨닫게 되었습니다. 아이에게 깨끗한 호적을 물려주기보다 자기의 자존심을 더 중요하게 생각하고, 하나님 자리에 앉아 욕심과 교만과 자만을 행했던 죄인이라는 주제파악을 하게 되었습니다.

　말씀을 통해 인도 받고 공동체에서 양육 받은 대로 남편에게 진실하게 다가가니 임 집사를 무서워하던 남편도 조금씩 마음의 문을 열며 예배에 나오게 되었습니다. 남편은 교회에 온 지 일 년 만에 세례도 받고, 부부 목장에도 참석하고, 양육훈련도 받으며 하나님을 만나게 되었습니다. 임 집사는 공동체와 함께 훼파된 가정의 회복을 위해서 날마다 눈물로 회개하며 기도했습니다. 그랬더니 남편의 십자가 지는 사랑으로 재결합을 하게 되었고, 실직했던 남편이 교수직으로 복직되는 은혜도 누렸습니다.

이 부부는 "무덤까지 가져가려 했던 지옥 같고 수치스러운 사연이 하나님 안에서 자신도 살리고 남도 살리는 약재료가 되었다"고 감격했습니다. 또 가정을 잃어 보았기에 가정을 지키는 것이 얼마나 가치 있는가를 깨닫고 가정을 살리는 일에 힘쓰고 있습니다. 얼마 전, 이 부부의 초등학생 딸이 교회에서 간증을 하며 성도들의 마음을 울렸습니다.

저는 네 살 때부터 엄마와 둘이 살았어요. 저는 아빠가 일이 바빠서 집에 오지 않으신다고 알고 있었어요. 그런데 제 친구가 자기 아빠는 매일 집에 온다고 이야기를 했어요. 저는 왜 우리 아빠는 매일 집에 오지 않으시는지 궁금했지만 엄마에게 물어보지 못했어요.

어느 날부터 교회를 다니기 시작한 엄마를 따라 저도 교회에 다니게 되었어요. 그때부터 제 기도 제목은 아빠가 바쁜 일이 빨리 끝나서 매일 집에 오시는 것이었어요. 그런데 하나님께서 제 기도를 들어주셔서 아빠가 집에 오시게 되었어요. 엄마 아빠는 "사실 우리는 네가 네 살 때 이혼을 했어. 아빠와 같이 살 수 없어서 그동안 네게 거짓말을 했어"라고 말씀하시면서 제게 미안하다고 사과를 하셨어요. 아빠와 엄마의 잘못으로 이혼하게 되었지만 하나님이 엄마를 만나 주셔서 아빠에게 진심으로 사과하게 하시고, 아빠는 엄마의 마음을 받아 주게 되었어요. 그래서 엄마 아빠가 재결합을 하게 되었어요. 재결합 예배는 저에게 무척 기쁜 날이었어요. 저는 엄마 아빠가 처음에 결혼할 때 그 모습을 보지 못했거든요. 하지만 친척들과 함께 부모님의 결혼식을 보게 되어 정말 기뻤어요.

엄마 아빠와 다시 모여서 살게 된 후부터 우리 가족은 저녁마다 함께 큐티를 해요. 큐티를 할 때 제가 잘못한 일을 이야기하면 엄마 아빠가 용서해 주세요. 하나님 앞에서 회개하면 하나님이 용서해 주신대요. 그래서 잘못한 일이 있을 때는 큐티하는 시간이 기다려져요.

엄마 아빠에게 회개하는 마음을 주시고 아빠를 다시 찾아 주신 하나님, 감사해요. 앞으로 저처럼 엄마 아빠가 이혼한 친구들을 만나게 된다면 위로해 주고 같이 기도해 줄 수 있는 사람이 되고 싶어요. 온 가족이 다시 함께 살도록 인도해 주신 하나님, 고맙습니다. 엄마, 아빠 사랑해요.

누구나 자기 몫의 십자가가 있다

성경에도 재혼한 커플의 이야기가 나옵니다. 바로 다윗의 둘째 아내 아비가일입니다. 아비가일은 남편인 나발이 죽은 후에 다윗의 아내가 되었습니다.

2 다윗이 헤브론에서 아들들을 낳았으되 맏아들은 암논이라 이스르엘 여인 아히노암의 소생이요 3 둘째는 길르압이라 갈멜 사람 나발의 아내였던 아비가일의

소생이요 셋째는 압살롬이라 그술 왕 달매의 딸 마아
가의 아들이요_삼하 3:2~3

　그런데 아비가일은 다윗의 아내가 된 이후에도 계속
'나발'의 이름이 꼬리표처럼 붙어 다닙니다. 왜 그럴까요?
저는 그것이 남편이 죽었더라도 그녀가 계속 나발의 아내
로 살았어야 했다는 걸 보여 주는 말씀이라고 생각합니다.

　다윗이 아비가일을 사랑해서 아내로 삼았지만, 재혼
한 뒤에는 소 닭 보듯 하며 재미없는 인생을 살았던 것 같
습니다. 그녀와 재혼할 때는 믿음으로 한다고 생각했을 것
입니다. 당시 다윗은 가난했고 광야를 떠돌았으니 돈 때문
이 아닌 오직 믿음으로 결혼한다고 착각했겠죠. 그래서 잠
시 시글락에서 행복하게 사는 듯했지만, 아비가일은 아말
렉으로 사로잡혀 가서 험한 꼴을 당했습니다. 더욱이 다윗
이 유다 왕이 되고 나서는 7년에 걸쳐 무려 네 명의 여자
를 얻어 들였습니다. 대략 1년 6개월마다 다윗이 새 여자
를 얻어 들였으니 아비가일은 '내가 뭐 하러 이런 재혼을
했나' 후회하지 않았을까요?

당시 법에 의하면 여자는 남편이 죽었어도 6개월이 지나야 재혼을 할 수 있었습니다. 다윗이 그 법까지 어겨가면서 아비가일과 재혼을 했는데, 금세 그 마음이 변하여 다른 여자를 열심히 얻어 들인 것입니다. 게다가 아비가일은 다윗과의 사이에서 낳은 아들이 일찍 죽어 영적 계보를 잇지도 못했습니다. 이후 다윗은 예루살렘으로 천도하고 통일 왕국에서도 또 여자를 얻어 들여서 열세 명이나 아들을 더 낳았습니다.

이쯤에서 질문을 하나 해 봅니다. 힘든 남편이 죽고 과부가 된 아비가일을 얼른 데려가 준 젠틀한 다윗, 그 젠틀함으로 열심히 다른 여자를 만나고 다니는 다윗은 좋은 남편일까요? 무섭고 힘들어도 아비가일 한 사람만 보고 살았던 나발이 좋은 남편일까요? 둘 중 한 사람을 고르라면 여러분은 누구와 살겠습니까?

사실 둘 다 힘든 사람입니다. 둘 다 좋은 남편이 아니기는 마찬가지입니다. 그러니 이 땅에 파라다이스는 없다는 것을 알아야 합니다. 사랑 한번 해 보겠다고 아비가일이 재혼을 했습니다. 아비가일처럼 현숙한 여인이 '드디어 좋은 남자 만나서 잘살아 보겠구나' 하고 재혼하지 않았겠습니까. 그런데 막상 재혼해 보니 나발과 살 때보다 훨씬 더 외롭습니다.

제가 같은 과부로서 아비가일이 다윗하고 사느라 얼마나 힘들었을지 천국에서 만나면 꼭 물어볼 생각입니다. 남편이 죽자마자 다윗에게 시집간 아비가일의 선택은 최선이었을까요? 이 재혼이 너무 파격적이었기 때문에 사람들이 재혼을 쉽게 생각할까 봐 성경은 아비가일의 인생에 더 이상 초점을 두지 않습니다. 힘든 남편이 죽었다고 재혼해서 무조건 잘살았다면 다들 '나도 힘든 남편 버리고 다윗 같은 남자를 만나야지' 이러지 않겠습니까.

아비가일이 현숙함과 지혜로 다윗을 살리고 아내까지 됐지만, 나발의 집을 떠나는 순간부터 영적으로는 침체된 것 같습니다. 둘이 재혼한 후 다윗이 사울을 피해 시글락으로 도망하는 것을 아비가일이 말리지 않았기 때문입니다. 다윗이 나발을 죽이려고 할 때 믿음으로 목숨 걸고 막았던 아비가일입니다. 그런데 다윗과 결혼하여 배부르고 등 따듯해지니 다윗의 시글락행을 막지 않습니다. 그래서 아비가일은 나발의 아내였을 때가 가장 믿음의 전성기였다고 생각합니다.

힘들다고 이혼을 하고 재혼을 해도 참으로 이 땅의 삶에는 별 인생이 없습니다. 나발이 좋은가, 다윗이 좋은가 이런 게 아니라 각자 자기 몫의 십자가가 있는 것입니다. 내가 어떻게 살고 있는지 주님이 보시고 누구보다 아파하십니다. 그리고 그 주님이 함께하시기에 힘든 환경도 피하지 않고 견딜 수 있는 것입니다. 아비가일은 인간의 사랑이 얼마나 덧없는지 보여 주는 역할 모델을 했다고 생각합니다.

제가 삼십 대에 과부가 되었으니, 그동안 "왜 혼자 사느냐?"는 질문을 얼마나 많이 받았겠습니까. 열심히 성경을 읽다 보니 재혼이 답이 아니라는 걸 알게 되었습니다. 재혼을 한다고 해서 무슨 좋은 것이 있었겠습니까? 나발 같은 남편하고 사는 것도 힘들었는데 다윗이 너무 좋아서 살다가 배반까지 당하면 어쩌겠습니까? 다른 좋은 사람은 없습니다. 지금 내 남편, 내 아내가 최고의 사람입니다.

재혼은 아프리카 선교보다 어렵다

지금 내가 있는 곳, 내가 속한 곳이 다 선교지입니다. 부부 관계도, 가정도, 아프리카도 영혼 구원의 사명을 위해 보내진 선교지입니다. 사명을 이루라고 결혼도 하게 하시고 자녀도 낳게 하시고 직장도, 학교도 들어가게 하셨습니다. 내 힘으로 성공하고 내 힘으로 뭔가 이룬 것이 아닙니다. 하나님이 저에게도 육적인 복을 주셔서 내 힘으로는 죽었다 깨나도 입학할 수 없는 대학에 붙여 주셨습니다. 그런데 제가 영적인 복을 받아야 하겠기에, 시집을 가서 절박한 문제로 하나님을 찾고 만나게 하셨습니다. 제가 목적이 있고 열심도 있어도 내 힘으로 안 되는 일이 있다는 걸 결혼을 통해서야 알게 되었습니다. 그것이 얼마나 저에게 축복이었는지 모릅니다. 결혼생활이 내 힘으로 안 된다는 것을 가르쳐 주셨기에 지경이 이렇게 넓어졌습니다. 하나님이 번성하게 하셔서 영적 복과 육적 복을 다 누리게 하셨습니다.

제가 '이혼 불가'를 아무리 부르짖어도 이미 이혼을

한 분들이 많습니다. 그분들에게 책임을 물으려고 이렇게 말하는 게 아닙니다. 이미 이혼했다면 지금부터라도 하나님의 말씀을 붙잡고 가면 됩니다. 복음은 누구에게나 차별 없이 임합니다. 이혼한 사람이든 안 한 사람이든 가정을 지키는 것이 하나님 나라의 일이라는 것, 그것을 알고 가야 합니다.

결혼 6년 만에 이혼을 요구하는 전처를 보면서, 하루빨리 헤어지는 것이 잘 사는 길이라 생각했습니다. 내가 가진 능력으로 얼마든지 행복할 수 있다고 믿었기에 쉽게 이혼하고 주저 없이 재혼했습니다. 그러나 이혼의 상처와 자신의 문제를 직면하지 못한 서로가 만나 이룬 재혼 가정 안에서, 첫 가정 때와는 비교도 안 될 수많은 갈등을 겪어야 했습니다. 날마다 '네 자식, 내 자식'을 부르짖으며 다투었고, 그럴수록 저도 아내도 어두워지고 우울해져 갔습니다. 우연히 발견한 아들의 공책에 새엄마를 저주하는 빽빽한 낙서를 보면서, 자녀들 또한 죽어 가고 있는 것을 깨달았습니다. '내 삶의 주인은 나'라고 부르짖으며 행복만을 향해 가는 제 인생에 하나님은 그 값을 정확히 물으셨습니다.

하나님의 섭리를 무시하고 내 정욕으로 선택한 재혼의 값이 우울과 병든 가족이라는 것을 그제야 깨닫게 되었습니다. 하나님 없이 물질을 의지하며 내 뜻대로 산 것이 얼마나 큰 죄인지, 또 행복이 인생의 목적이라 여기며 이혼하고 재혼한 것이 얼마나 자손 대대로 하나님의 복음을 훼방하는 죄인지 깨닫게 되었습니다. 하나님은 아무것도 할 수 없을 것 같던 저를 돌아보셨고, 모두가 아파하는 이 환경이 바로 제 삶의 결론이라는 것을 알게 하셨습니다. 그러나 하나님의 방식으로 우리 가정을 복권시키셔서 공동체와 예배를 허락하시고 기도와 말씀으로 양육하셨습니다. 같은 고난을 겪는 지체들을 허락하셔서 이혼과 재혼이 얼마나 구원에 장애물인지를 삶으로 전하게 하셨습니다. 절름발이 같은 저의 인생을 구원의 약재료로 되게 하시고 상처가 별이 되게 하셨습니다.

박 집사는 재혼할 때 아내의 이혼 경력이 오히려 위로가 되었다고 합니다. 저 사람도 나와 같은 상처가 있기에 '서로의 마음을 위로하며 잘 살 수 있겠구나' 하면서 재혼했다고 합니다. 그러나 우울한 너와 내가 만나면 '더 우울한 우리'가 될 뿐입니다. 재혼하며 서로 위로 받기를 기대했겠지만, 오히려 서로의 감정을 교묘하게 건드리는 법을 알고 있었습니다. 각자의 사연이 상처가 되어 서로를 더욱 생채기 낸 것입니다.

그래서 박 집사는 "재혼 가정에서 겪는 관계 문제는 초혼 가정과는 비교할 수도 없이 크다"고 열렬히 부르짖습니다. 이처럼 자신이 이혼을 경험하고 나서 "이혼 불가, 재혼 불가"를 외치고 있습니다. 자신이 겪어 보았기에 이혼과 재혼은 안 된다고 힘있게 외칠 수 있는 것입니다. 그래서 재혼이 아프리카 선교보다 더 어렵습니다. 현재 박 집사는 일명 '이혼과 재혼 사이' 목장을 섬기며 가정 회복의 사명을 감당하고 있습니다.

세 번 결혼한 아버지

저는 늘 자녀에게 남겨 주는 최고의 유산은 '더럽히지

않은 호적 등본'이라고 이야기합니다. 또 좋은 부모, 나쁜 부모가 있는 것이 아니라 예수 믿게 해 준 부모가 최고의 부모임을 알려 줍니다. 우리들교회에는 이른바 '세결남', 세 번 결혼한 아버지를 둔 자매가 있습니다. 이 자매가 신 결혼을 하면서 간증을 했습니다.

저희 아버지는 세결남, 즉 세 번 결혼한 남자입니다. 아버지는 제가 두 살 때쯤 음주운전으로 한 사람을 사망에 이르게 했는데 그 일을 기점으로 술, 폭력, 도박, 여자에 빠져 사셨습니다. 아버지에 대한 첫 번째 기억은 제가 다섯 살 때 부엌칼을 휘두르며 엄마를 죽이겠다고 칼부림하시던 것입니다. 어린 제가 손이 발이 되도록 빌면서 "제발 엄마를 살려 달라"고 했던 기억이 아직도 생생합니다. 그 일이 있은 후 두 분은 별거하다가 결국 이혼하셨습니다.

제가 초등학교에 들어갈 무렵 아버지는 저를 찾아와 재혼을 한다고 하셨습니다. 아버지는 예수님을 만나 새 삶을 살게 되었다고 했지만, 저는 '그 삶이 몇 년이나 가나 보자' 하는 악한 마음이 들었습니다. 그때부터 엄마는 하루가 멀다고 술을 마시고 늘 부재중이셨습니다.

그러나 하나님은 저를 포기하지 않으셨습니다. 방학 때마다 가끔 만나는 새엄마를 통해 복음을 듣게 된 것입니다. 그리고 고등학교 3학년 때 끔찍한 납치 미수 사건을 겪으면서 저는 교회에 나가기 시작했습니다. 세례를 받아야겠다고 결심했을 때쯤에는 새엄마와 함께 성경공부도 했습니다.

그러나 아버지는 저의 영적 멘토였던 새엄마와 이혼하고 저와 동갑인 중국인 여자와 세 번째 결혼을 하셨습니다. 혼전에 쌍둥이 아이가 생겼기 때문이었습니다. 저는 아버지에 대한 분노와 배신감, 제 또래 여자에게서 아이를 낳았다는 충격에 그저 아버지가 더러운 짐승으로만 보였습니다.

저는 제 삶이 해석되지 않았습니다. 내가 무슨 잘못을 해서 이런 일들을 겪는지 이해되지 않았습니다. 나는 왜 정상적인 가정에서 사랑 받고 자라지 못했는지, 우리 엄마는 왜 저렇게 술만 마시며 딸을 방치하는지, 왜 나는 남들이 평생 한 번 겪을까 말까 하는 납치 미수를 세 번이나 당했는지, 왜 아버지는 딸이랑 동갑인 여자와 사는지…… 제게 일어난 수많은 일이 해결도, 감당도 되지 않아 공황장애와 우울증에 시달렸습니다. 교회에 다니고 있었지만 말씀과 상관없이 기복적인 신앙생활을 하며 세상 사람들과 다를 바 없는 삶을 살았기에 하루하루가 지옥 같았습니다.

그러다 엄마가 먼저 우리들교회에 다니기 시작했습니다. 하지만 엄마는 쉽게 변하지 않았고 제가 경제적으로 어려운 남자 친구를 사귀는 것을 반대하셨습니다. 그러던 어느 날 엄마가 "결혼할 거면 우리들교회에 나와서 등록하고 양육 받고 목장에 참석하라"고 하셨습니다. 눈에 흙이 들어가도 반대하실 것 같던 분이 갑자기 결혼을 허락해 주는 것이 이상해서 우리들교회에 등록하게 되었습니다.

교회에서 양육을 받으며 제게 일어난 가장 큰 변화는 '나는 억울하고 불쌍한 피해자'라는 생각에서 벗어나게 된 것입니다. 저 역시 부모를 증오하고 무시하던 죄인이었습니다. 내 안의 거짓, 분노, 음란, 교만의 죄를 보게 되니 입이 다물어졌습니다. 또한 일련의 사건들이 없었다면 저는 절대로 하나님 앞에 나올 수 없었고, 내가 지은 죄보다 고난이 약하다는 것도 인정되었습니다. "고난이 축복"이라는 목사님의 말씀에 고개를 끄덕일 수밖에 없었습니다.

세상을 향한 원망과 분노가 하나님에 대한 찬양과 감사로 바뀌면서, 기복적으로 믿으며 말씀과 동떨어진 삶을 살았던 제 죄를 하나씩 회개하고 적용하게 되었습니다. 그러다 보니 하나님의 일하심을 보는 영광도 누렸습니다.

저는 결혼이 확정된 후 7년간 의절하고 지냈던 아버지를 찾아갔습니다. 아버지는 오랜만에 찾아온 제게 대뜸 "세 번째 부인은 사실 너보다 두 살이 많다"고 하셨습니다. 어처구니없었지만 그동안 들은 말씀을 통해 아버지의 쌍둥이 딸들과 중국 여인의 구원을 위해 기도해야 하는 사명이 제게 있음을 깨달았습니다. 그리고 "아버지가 아니었으면 내가 하나님을 못 만났을 거예요. 저의 구원을 위해 수고해 주셔서 감사해요. 빨리 하나님 품으로 다시 돌아오세요"라고 말씀드렸습니다.

저는 부모님의 이혼을 겪으며 '아버지처럼 바람을 피우고 엄마처럼 술 마시는 사람은 절대 만나고 싶지 않다'고 생각했습니다. 결혼하여 빨리 안정된 가정을 이루고 싶다가도 '올바른 가정 안에서 자라지 못한 내가 과연 가정을 잘 이뤄 나갈 수 있을까' 하는 두려움에 휩싸였습니다. 그런데 우리들교회에서 수많은 집사님들의 간증을 들으며, 제가 결혼을 두려워하는 이유가 결혼의 목적을 행복에 두었기 때문이라는 것을 깨달았습니다. 말씀을 통해 '결혼의 목적이 행복이 아닌 거룩'임을 알게 되니 오히려 결혼생활을 잘 할 수 있겠다는 자신감이 생겼습니다. 내 힘을 빼고 하나님께 맡기는 것이 무엇인지 아주 조금 알게 되었습니다.

자매는 마침내 세결남 아버지의 손을 잡고 결혼식장에 들어갔습니다. 인정하고 싶지 않은 아버지였지만, 자매가 주님을 만나 인생이 해석되니 그 아버지 손을 붙잡고신 결혼까지 하게 되었습니다.

그러나 문제 부모 때문에 자매가 얼마나 큰 고통을 겪어야만 했습니까. 그러니 부부간에 다투다가 "그만 둬, 될 대로 돼라!" 하면서 가정을 포기해서는 절대 안 됩니다. 부부가 다투면 한 사람이 양보하고, 다투면 또 한 사람이 양보하고, 그러다 보면 결국엔 다투지 않을 때가 옵니다.

그런데 이혼을 하면 회복의 기회가 사라집니다. 더 이상 길이 없습니다. 상처의 문제를 오롯이 안고 살아가야

합니다. 나쁜만 아니라 자녀에게도 올무가 되어 값을 치르
게 합니다. 그래서 가정은 반드시 지켜야 합니다.

내 마음 들여다보기

Q. 결혼도 쉽고 이혼도 쉬운 시대에 어떤 사람을 만나는가도 중요하지만 내가 어떤 사람인지도 중요합니다. 결혼과 이혼에 대한 성경적 가치관을 가지고 있습니까? 성경적 가치관을 배우고 가르치는 공동체에 속해 있습니까?

....

....

....

....

Q. 상처로 사람을 만나고 교제하고 있습니까? 감정적인 사랑과 연민을 십자가 희생이라고 착각합니까?

....

....

....

....

....

....

Q. 잘못된 만남의 고통을 내 몫의 십자가라고 합리화하며 미련하게 지고 있습니까? 잘못된 선택 때문에 가족과 주변 사람들까지 고통 받는 것을 아십니까? 독신으로 살아도, 과부나 홀아비로 살아도 이 땅에서 주어진 역할일 뿐이고 내 몫의 십자가임을 받아들입니까?

프러포즈

초판 발행일 ㅣ 2015년 10월 21일

개정 2쇄 발행 ㅣ 2023년 4월 17일

지은이 ㅣ 김양재

발행인 ㅣ 김양재

편집인 ㅣ 김태훈

편집장 ㅣ 정지현

편집 ㅣ 김수연 진민지 김윤현

디자인 ㅣ 디브로

표지 일러스트 ㅣ 황중환

발행한 곳 ㅣ 큐티엠

주소 ㅣ 경기도 성남시 분당구 판교공원로2길 22, 4층 큐티엠 (우)13477

편집 문의 ㅣ 070-4635-5318   **구입 문의** ㅣ 031-707-8781

팩스 ㅣ 031-8016-3193

홈페이지 ㅣ www.qtm.or.kr   **이메일** ㅣ books@qtm.or.kr

인쇄 ㅣ ㈜정현씨앤피

총판 ㅣ ㈜사랑플러스 02-3489-4300

ISBN ㅣ 979-11-89927-61-5 03230

큐티엠(QTM, Quiet Time Movement)은 '날마다 큐티'하는 말씀묵상 운동을 통해
영혼을 구원하고, 가정을 중수하고, 교회를 새롭게 하는 일에 헌신합니다.

이 도서의 국립중앙도서관 출판예정도서목록(CIP)은
서지정보유통지원시스템 홈페이지(http://seoji.nl.go.kr)와
국가자료종합목록 구축시스템(http://kolis-net.nl.go.kr)에서
이용하실 수 있습니다. (CIP제어번호 : CIP2020051040)